U0114412

少年兒童出版社

·教育叢書 1

國語教學觀

何元亨　著

序

國語文有六大學習能力指標：注音符號、聆聽、說話、識字與寫字、閱讀、寫作。國語課教學有兩條主要的軸線，分別是形式和內容深究，教學目標為認知、技能與情意領域。我們都希望在經過紮實的形式和內容深究教學後，可以培養出學生六大學習能力。

我認為學生若真正具備閱讀理解與寫作能力，那麼就應該具備注音符號、聆聽、說話、識字與寫字的能力。在這本書裡，共分成三部分：類課文、課文深究、專論。

類課文部分，是我這些年參與坊間出版社國語教科書編輯，所寫的課文，但因臺灣教科書是審核制，多數課文未經國家教育研究院審核通過，無法出版，但我在寫作過程中，依舊抱持寫教科書的嚴謹態度。課文深究部分，我強調課文內容深究摘大意、詮釋理解與比較評估、類課文寫作分析，也介紹閱讀理解四層次提問示例，順便也評析國中會考作文。專論部分，析論國語課教學軸線，也析論國語教科書名家選文及童詩選的迷思，更析論評選國語教科書的策略。

長期以來，升學主義導致國語教學成效偏重於紙筆測驗的分數，為追求「分數」的表面效度，學生學習國語文面向，偏重書寫正確的字詞，背誦詞義與修辭，鑽研造句方法等屬於表層的形式深究。忽略真正可以培養學生思考、討論、發表能力的內容深究，原因就在於必須耗費許多時間與無法立即看出「分數」成效。這樣的學習習慣，當然會致使學生熟練紙筆測驗，而缺乏思考、討論、發表的能力。

衷心期盼！國語文的學習可以達到工具性與文學性的價值，也可以成為多元領域學習的基礎。

何元亨於三重埔

目次

序……4

類課文

亞洲天團……11
五月天……13
五月天的音樂夢……15
九張犁……18
小小方寸看臺灣……20
成長的印記……23
客家庄……25

單車雙塔行……28
媽媽的手……30
路過鯉魚潭……32
自行車王國……35
辨桌……37
四季……42
常常，我想起那雙手……43
大隊接力……45

內容深究

內容深究教學—摘〈五月天的音樂夢〉課文大意……49
摘〈辨桌〉段落大意……62

摘〈辨桌〉課文大意 74
內容深究教學 — 〈五月天的音樂夢〉詮釋整合與檢驗評估 83
〈辨桌〉內容深究 93
《魔神仔》～〈誰來當大王〉閱讀理解四層次提問釋例 98

形式深究

修辭 111
文章的表述方式 130
〈五月天的音樂夢〉寫作分析 137
〈單車雙塔行〉寫作分析 140
〈辨桌〉原文寫作分析 144
文章的結構分析 148

〈辨桌〉仿作……158

專論

國語課教學軸線……173
國語教科書可能的迷思……176
國語名家選文風潮……183
國語教科書課文童詩選探究……187
國語教科書評選……192
標點符號大補帖……199
淺析二〇一七國中會考作文……205
現代詩〈在天晴了的時候〉教學重點……209

類課文

亞洲天團

在演唱會現場，靛藍色的燈光在舞臺上閃耀，螢光綠的雷射光全場四射。當〈離開地球表面〉這首歌的前奏一響起，五月天在臺上邊唱邊跳，引領歌迷奮力的揮舞螢光棒，柔和的藍光，如星空裡的銀河閃閃發亮，所有的歌迷跟著節奏開心的又唱又跳。隨著燈光的變化，電吉他的熱力放送，讓全場歌迷的尖叫聲此起彼落，迴盪在整個會場。

五月天要歌迷跟著大聲唱：「一顆心噗通噗通的狂跳／一瞬間煩惱煩惱煩惱全忘掉」，有一個理著平頭的小女孩，站在擁擠的人群裡，拿著相機不停的拍照。演唱會結束後，她在主唱阿信的臉書上貼文說：「當我知道罹患癌症時，宛如世界末日來臨，卻在看過五月天的演唱會後，讓我燃起重生的希望。」。這篇貼文，獲得十幾萬的網友按「讚」，並有無數的網友留言，鼓勵她勇敢對抗病魔。

熱愛音樂的五月天，他們所創作的詞曲，有輕快的節奏，婉約的旋律，深遠的意境，歌聲更具有無比的渲染力。就像〈倔強〉這首歌裡的歌詞：「我和我最後的倔強／握緊雙手絕對不放／下一站是不是天堂／就算失望／不能絕望」，鼓勵歌迷遇到困難的時候，要堅持永不放棄的精神。還有一首臺語歌曲〈憨人〉裡的歌詞：「我走過的路／只有希望／心上一字敢／面對我的夢／甘願來做憨人」，也鼓勵歌迷勇敢追求夢想，樂觀看待自己的人生。五月天所唱的每首歌，都能讓歌迷輕易的朗朗上口。聽他們的歌，可以讓人輕鬆自在，也可以振奮人心，更可以擁抱無限的希望。

亞洲天團「五月天」自成軍以來，除了不斷創造臺灣樂壇的紀錄外，也曾經在北京鳥巢體育館，創下兩場二十萬人爆滿的紀錄。在眾多的華人樂團中，五月天是第一個登上日本音樂節目，公開演唱和當地搖滾樂團合作的日文歌曲。為了宣傳歐洲巡迴演唱會，他們更是第一個接受英國國家廣播公司專訪的樂團。

夢想用音樂改變世界的五月天，在成長的歷程中，不斷的尋求自我突破，創造屬於自己的舞臺。他們用歌聲喚醒歌迷心中的熱情，留下永恆的感動。五月天的努力，不僅讓搖滾樂成為跨世代共同的愛好，也讓全世界看到他們的成功，更提高臺灣的國際知名度。

五月天

搖滾樂團五月天說：「我們一開始的夢想都很小，慢慢累積了許多小小的成功，成功就好像滾雪球，越滾越大。」五月天，五個熱愛音樂的年輕人，不僅在華人社會捲起音樂熱潮，也風靡了全世界。

二十年前，當他們都還是高中生時，利用課餘時間打工存錢，買了吉他等樂器，組成五月天的前身「SoBand」樂團，利用社團及課餘時間練習。高中畢業後，雖然他們就讀不同的大學，但總會約定共同的時間擠在小房間裡練習，一不小心，鼓棒就會和吉他互相碰撞。他們辛苦的練習，只為了爭取每一次上臺表演的機會。

有一年的冬天，他們要到山上的一所大學表演，騎著載滿樂器的機車，頂著冷颼颼的風，吃力的往山上爬，花了好久的時間才到達。除了校園演出外，他們還發現有一家瀕臨倒閉的餐廳，於是向老闆提議免費現場演唱，甚至幫忙裝潢及設計舞臺，目的就是要有個地方可以表演。他們努力創造自己的舞臺，不管地點多偏遠，環境多困難，都一定會好好把握。

有一次，他們報名參加「野台開唱」的活動，經過團員商量後，決定將樂團更名為「五月天」。參加野台開唱後，為了追逐發行專輯的夢想，他們開始錄製試聽帶，寄給各唱片公司，順利的發行第一張專輯，讓更多人聽見他們的歌聲，也踏出成功的第一步。

五月天從發行的第一張專輯到現在，所有的詞曲都由團員一起創作，也融合每個人不同的意見，每首歌的詞曲都經過無數次的修改才能完成。因此，他們所唱的每首歌，都可以讓歌迷輕易的朗朗上口，受到歌迷的喜愛。

第一張專輯發行後不久，五月天舉辦了第一次大型的演唱會，吸引許多的歌迷參加。從此以後，五月天的演唱會，參加的人數越來越多，不斷創造臺灣樂壇空前的紀錄，也曾經在北京鳥巢體育館，締造兩場二十萬人爆滿的紀錄。五月天跨出華人社會後，在世界各大城市所舉辦的巡迴演唱會，也吸引許多外國歌迷共襄盛舉。

五月天的音樂夢，從校園的小角落出發，一步一腳印，終於成功的站上國際舞臺。他們在追求夢想的路上辛勤耕耘，永不放棄，也成為所有人實踐夢想的楷模。

五月天的音樂夢

搖滾樂團「五月天」自成軍以來，勇敢追求音樂的夢想，在實現夢想的歷程中，他們不斷的尋求自我突破，創造屬於自己的舞臺。每一次的演出，都為了累積每一次成功的能量，他們希望用音樂喚醒人們心中的熱情，留下永恆的感動，讓世界變得更美好。

十幾年來，五月天對於音樂創作與演出，始終秉持專業與敬業的態度。每個團員都具有彈奏吉他的基本能力，主唱阿信幾乎包辦了所有的詞曲創作，貝斯手瑪莎擅長大提琴、鋼琴、口琴等樂器，鼓手冠佑對電子琴也非常拿手，團長兼吉他手怪獸具備音樂製作的專長；另一位吉他手石頭，更是專精錄音工程。由於他們專業的分工，因而讓每一張專輯，都能引起歌迷的共鳴；讓每一場演唱會，都能滿足歌迷的期待。

熱愛音樂的五月天，即使他們已經是超人氣的偶像團體，卻保有平易近人的風範；不論是拍攝廣告或演出前的彩排，仍然和工作人員一起排隊領取便當。他們和所有人的互動謙虛有禮，就像老朋友一樣，絲毫不見明星的架子。

五月天的團員具有濃厚的革命情感，不爭名不搶利，彼此互信互諒。他們從不在乎知名度的高低，也不像一般的樂團以主唱為要角，每個團員都具備鮮明的特色與風格，也都擁有各自的粉絲。特別是在演出時，他們深刻的友情和完美的分工，充分展現密不可分的默契。

綻放音樂熱情的五月天，他們所創作的詞曲，有輕快的節奏，婉約的旋律，深遠的意境，歌聲更具有無比的穿透力。五月天所唱的每首歌，都能讓歌迷輕易的朗朗上口，也鼓勵歌迷勇敢追求夢想，樂觀看待自己的人生。聽他們的歌，可以讓人輕鬆自在，也可以振奮人心，更可以擁抱無限的希望。

堅持音樂夢想的五月天，除了不斷創造臺灣樂壇空前的紀錄外，也曾經在北京鳥巢體育館，締造兩場二十萬人爆滿的紀錄。在眾多的華人樂團中，他們不但是第一個登上日本音樂節目演唱，而且也是第一個接受英國國家廣播公司專訪的樂團。他們成功的站上國際舞臺，讓全世界再度看見臺灣，也成為另類的「臺灣之光」。

五月天的努力，不但讓自己成為年輕人成功的典範，也讓搖滾樂成為跨世代共同的愛好；五月天的堅持，不僅讓全世界看到他們的成功，更提升了臺灣的國際知名度。

九張犁

九張犁是我的故鄉，緊傍著大安溪，道路橫亙小村莊，我的家住在村頭，沿著道路走，終點便是大安溪了。

道路兩側錯落的建築物：有低矮的平房，也有新穎的農舍。

記得小時候，我喜歡在溪邊的堤防上遠眺，溪的對岸是焦黃又帶點綠意的鐵砧山，山腳下有淙淙的溪水流過。從堤防到山之間，隆起的沙洲把河床切割成好幾條大小不一的河道。各種不同形狀的石頭靜臥在沙洲上，還來不及開花的菅芒迎風搖曳，讓習慣寂靜的沙洲變得更熱鬧了。

每年夏天，大安溪是天然的游泳池。到溪中游泳早已成為我們暑假的嘉年華會。那個年代，我們都相信溪裡面的水鬼會不定期「抓交替」，但溪水清涼的魅力仍然戰勝對水鬼的恐懼。

為了避開村人注意的眼光，我們會選擇一個定點集合再分批出發。我們不敢沿著村中的產業道路走，只能順著田埂穿過一大片稻田到達目的地。盡情享受過游泳的樂趣後才依依不捨的上岸，但我們並不急著回家，我們會坐在岸邊等身上殘留的水珠被陽光蒸發後，再輕輕的塗上一層沙。經過這麼複雜的手續才能完全將泡過水的痕跡和證據毀滅。

我家屋後連著一大片稻田，這一大片稻田養活我們全家人，也提供我們四兄弟讀書的經濟來源。從小，看著父母在這塊土地上耕耘，他們的汗水揮灑在這塊土地上；就好像撫養我們兄弟所付出的心血。爸爸和爺爺都是專職的莊稼漢，靠天吃飯；也靠這塊土地吃飯。

暑假是第一期稻作的收割期，稻穀是老天爺賜給我們家的黃金。剛收割的稻穀含有水分，陽光是把稻穀曬乾的利器。曬稻穀的重責大任便落在媽媽身上，這並不是一項輕鬆的工作。想要順利把稻穀曬乾，可得靠老天爺大力幫忙，最怕遇到迅雷不及掩耳的西北雨。萬一淋濕稻穀，讓稻穀發芽，這一季的收成就泡湯了。

收成的工作全部結束後，爸爸著手進行整地、育苗等準備事項。壯碩的水牛是整地的好幫手，爸爸牽著水牛下田，很快的架好犁，手裡握著控制水牛的麻繩，麻繩輕輕的往水牛身上一彈，水牛就低著頭乖乖的向前走，但腳步沉重緩慢。水牛身後的泥土一寸一寸翻了過來，就這樣來來回回無數趟，才能完成整地的任務。

在陌生的城市生根，我是翱翔在天空的風箏，故鄉是拉扯風箏的線，父母是緊握住線的雙手。風箏飛得愈高，雙手愈握愈緊；等風箏飛累了，再慢慢把線收回來，回到我熟悉的故鄉。

小小方寸看臺灣

星期天早上，外公拿出一疊舊信封，那是當年一起在金門服兵役的朋友，寫給他的信。外公最喜歡貼著臺灣風景的郵票，也曾經去過郵票上的景點，並且拍了許多相片，我們一起欣賞郵票及相片上的景物。

外公問我有沒有寫過信？我搖搖頭說：「現在都用facebook、line來聯絡，速度比寫信快多了。」外公抽出一封貼著臺東成功海岸的石雨傘郵票，老花眼鏡都快滑到鼻頭了，右手拿著放大鏡，仔細的端詳相片和郵票上畫的景物。我在想畫家畫這張郵票時，應該是站在海邊向遠處眺望，翠綠的山和大海盡頭連成一線，岸邊的岩石排成一列，綿延向海。外公看著郵票，泛起絲絲笑意，不斷的說著一模一樣……

「哇！高雄田寮月世界這張令我印象深刻，光禿禿的山谷形成許多的皺褶，而且是灰白色的泥土，像極了月球表面。」外公略帶驚訝的表情。他說相片的景物對照郵票上的圖案有些不同，山腳下的樹木較稀疏，一撮撮的青草點綴著黃土。外公說山谷的泥土，只要用手輕輕壓就會變成粉砂礫，和農田裡的泥土截然不同。

看著外公一封一封的檢查，不知下一封的郵票是哪個景點？他停下來，開心的說：「你看，這是彰化市區八卦山的大佛！」在山腳下，就能夠看到山腰處的大佛，當時，可是亞洲第一大佛呢！看過大佛後，繼續登高，便可以從山頂上俯瞰市區及彰化平原。

我接著問：「外公，接下來我們要去哪裡？」

外公呵呵笑，拍拍我的肩說：「我帶你去南投鹿谷的溪頭看看。」

外公給我看溪頭大學池的郵票，他說到大學池前，會先經過森林步道，眼前都是直入雲霄的樹木，空氣清新帶點草香，沁涼的風吹過來，真是舒服啊！走到大學池旁，一眼就看見池中孟宗竹做的拱橋。他說走過拱橋時，橋有點晃動，還會發出咿咿呀呀的聲音，真的很有趣。

接著抽出貼上宜蘭五結冬山河郵票的信給我看，他說冬山河兩岸種滿草皮，錯落的樹木迎風搖曳，河水很清澈，還有一座跨越河面的紅色鐵拱橋。有些遊客坐在岸邊的草地上，開心的聊天；有些遊客在岸邊的自行車道，悠閒的騎車。

外公娓娓訴說風景郵票的體驗，他的手中還有許多信封，還有好多好多方寸間的美麗，我靜靜傾聽外公豐富的旅遊點滴。聽完後，覺得意猶未盡，我拜託外公，等放寒假時，帶我去郵票上的景點旅遊，看看不同的風景。

成長的印記

臺灣的小學畢業活動多姿多采，充滿創意與挑戰：有的登玉山，有的浮潛，有的義賣手工皂，有的寫信給未來的自己。這些活動需要長期的規劃與練習，才能蓋上成長的印記。

有一所在都會區的學校舉辦「登玉山」活動，畢業生登上山頂後，校長會親自頒發畢業證書並合影留念。為了鍛鍊登山的體力，他們從五年級開始，每個星期在學校進行登階、跑步及游泳訓練，提升心肺功能。登玉山前半年，必須進行校外登山訓練，學習攀爬技巧，適應陡峭的山路。除了鍛鍊體力外，也邀請學長姐傳承登頂的經驗，安排登山專家舉辦講座，組成隨行照護的醫療團隊，做好萬全的準備。

你有聽過海上畢業典禮嗎？這所海邊的小學，舉辦「浮潛一公里」活動，還必須潛入海底領取畢業證書。在畢業前夕，學校會聘請教練指導浮潛技巧，他們練習浮潛時，可以看到鮮豔的珊瑚礁，來回穿梭的熱帶魚，還有其他不知名的生物，也發現美不勝收的海底世界。在學習浮潛的過程中，不但可以親近海洋，也學習保護海洋資源的重要性。

有一所在平原的學校到火車站前「義賣手工皂」，並將所得捐給公益團體。他們利用綜合活動課程，製造手工皂，完成簡單的包裝。全班也分組製作義賣的海報，討論販售的技巧及禮節。周末下午，火車站熙來攘往的人群好不熱鬧，他們向過往的旅客說明義賣的產品及目的，獲得很大的迴響，有的旅客甚至只捐錢，不拿手工皂。不到一個小時，就把手工皂全部賣出，完成義賣活動。

有一所在山邊的學校舉辦「寫信給未來的自己」活動，每一個人都寫下十年後的願望。他們把信收藏在木盒裡，也特別為這木盒取了「時光寶盒」的名字。在畢業典禮前一天，他們在校園的草地上挖開一個洞穴，然後將木盒埋入，相約十年後，一起打開時光寶盒。

畢業典禮當天下午，十年前的學長姐特地返校，用鏟子開挖十年前埋下的時光寶盒。當年的國小畢業生，有的已經大學畢業，有的已經結婚生子，當他們打開信封時，彷彿又回到國小的時光，臉上浮現燦爛的笑容。他們認真的讀著十年前寫給自己的信，有人立志當醫生，有人立志當護理師，也有人立志當服裝設計師，彼此分享當年許下的願望。雖然有些願望無法實現，但記得十年前的約定，每個人都開心的說：這是一場最有意義的同學會了。

童年歡樂的時光總是令人懷念，深具特色的畢業活動，更為學習的第一個階段劃下完美的句點。

客家庄

上周末，爸爸開車載我們全家人回到外婆家。下交流道後，沿著火炎山旁的公路緩緩前進，再繞進蜿蜒的鄉間小路，綠油油的水稻迎風搖曳，彷彿上下起伏的波浪。過了一會兒，就到達外婆的三合院。

外婆穿著藍布衫，包著花布頭巾，在庭院的角落整理掛在竹竿上的福菜，她回過頭對我們微笑。我一下車，迫不及待的擁抱外婆，她身上散發淡淡的清香，那是我小時候熟悉的樟腦油味道。外婆牽著我進屋裡，她的手掌很粗糙，佈滿大小不一的繭。

進客廳後，我們才剛坐下來，外婆便一溜煙的跑到廚房，拿出她做的「粄」給我們吃點心。媽媽用流利的客家話和外婆交談，我偶爾也會接上幾句生硬的客家話，外婆常說：「寧賣祖宗田，莫忘祖宗言。」她希望我趕快學會說流利的客家話，也要讓客家話一代傳一代。

接近中午時，媽媽和外婆在廚房準備午餐，我和爸爸也幫忙端菜。餐桌上擺滿濃濃客家味的菜餚：梅干扣肉、薑絲大腸、客家小炒、白斬雞、九層塔炒茄子、五花肉福菜湯。每道菜都是外婆的拿手菜，也是傳統的客家菜。我最喜歡吃白斬雞沾桔醬，酸酸甜甜的桔醬，更能襯托出雞肉的鹹香味。每道菜幾乎都被我們吃光了，也把肚子吃得圓鼓鼓的，吃過飯後，外婆端出醃梅子讓我們解解膩。

等外婆整理好廚房，她要帶我們去義民廟拜拜。走出三合院，便能看見外婆的菜園，一壠一壠的土堆上，種滿各式各樣的青菜：空心菜、高麗菜、蘿蔔，還有其他不知名的菜。順著產業道路走，在廣闊翠綠的田野中，可以看見錯落的三合院和樓房。一路上，蟲鳴鳥叫在耳邊環繞，空氣清新甜美，我們的笑聲此起彼落。

走了一段路，便看見義民廟，廟旁的榕樹下，有一群老人家在哪裡閒聊，外婆和他們打過招呼後，慢慢的走到廟門前，廟門上方掛著「耕讀傳家」的匾額，外婆娓娓訴說祖先到這裡開墾的辛酸，也期望我們傳承客家人的「硬頸」精神。看著外婆臉上被歲月刻畫的皺紋，凹陷的眼眶泛著淚光，我可以感受她內心的激動。

回到外婆家，我們準備告別。外婆趕忙到菜園摘了許多菜，分裝在塑膠袋裡，把後車箱全塞滿了。當爸爸發動車，我把車窗搖下來，外婆向我們揮手說再見，我也不停的揮手，直到外婆的藍布衫越來越模糊，才不捨的關上車窗。

我喜歡外婆的拿手菜，也喜歡外婆的客家庄，更喜歡這裡的恬靜自在。

單車雙塔行

國慶日前的午夜，我們各自騎單車到臺灣最北端的富貴角燈塔集合，預計在一天內，騎到最南端的鵝鑾鼻燈塔，慶祝我們的國家生日快樂。

午夜裡的富貴角燈塔，旋轉的光束，探照在漆黑的海面上，偶爾可見零星的燈光在海上浮沉，那是準備回航的漁船。靠近低矮的圍牆邊，我們踮起腳尖，依稀可見六角樓造型的燈塔旁，也有幾幢房舍，微弱的燈光映照著燈塔，可以看見牆面有黑白相間的條紋，北風呼呼的吹著，浪花不斷的拍擊海岸，如同一首動人的樂曲。

我們在通往燈塔的山路邊合照後，跨上車立刻出發。我看著前車的後燈，伴隨風吹樹葉的沙沙聲，齒輪的嘎嘎聲，雙腳不斷的踩踏，跟著車隊向前行。時間在轉動的車輪間流逝，灰黑的天空，漸漸露出魚肚白，陽光灑落滿地金黃。

清晨，我們關掉車燈，踩著單車的影子前進，沿路盡是翠綠的田野，清新的空氣。我們騎過大安溪，來到大甲街上，停靠在一家早餐店休息，順便享用熱騰騰的芋頭糕和米粉湯。吃過早餐後，每個人的精神抖擻，整裝後再度踏上旅途。

和煦的陽光稍稍減緩寒意，涼爽的風迎面吹來，騎起車來更加輕鬆愉快。經過西螺大橋後，到目的地的路程已過一半，也接近中午時分，簡單的填飽肚子後，我們一刻也不鬆懈，奮力的向前進。騎過嘉南平原，公路兩側一望無際的農田，綠油油的水稻迎風搖曳，上下起伏，彷彿也在為我們加油打氣。

橘紅色的晚霞高掛天空，車隊進入臺南市區，也看見安平古堡的路標，順道品嘗蚵仔煎和蝦捲，檢查輪胎及其他裝備。天色漸漸昏暗，我們再度跨上車，打開車燈。這時候，我的臂膀、雙腳和臀部又痠又麻，咬緊牙根繼續騎，一段時間後，車隊經過大鵬灣，墾丁就在不遠的前方。

星光點點的天空籠罩大地，車隊穿過墾丁大街，我們全力向前衝刺，不久後，便看見一道強大的光束，我們開心的歡呼：鵝鑾鼻到了！走近燈塔的圍牆邊，圓柱體的白色燈塔，鑲嵌幾個小窗戶，像一座神秘的城堡。光束的下方是一個車輪造型的平臺，在藍色的星空下更顯耀眼。

我們停好車，走到海岸旁，傾聽浪花拍擊海岸的聲音，最後，在圍牆外的草地合照，並且大聲的說：生日快樂！接近午夜的鵝鑾鼻燈塔，真是一幅美麗的圖畫。

媽媽的手

小時候，媽媽每天都有忙不完的家事。除了例行性的煮飯、洗衣；還得背著我去豬圈餵豬。媽媽用她纖弱的手，舀起一瓢瓢的餿水；也舀起一絲絲的希望。

每年的插秧期，是媽媽最忙碌的時候了。過去，插秧的工作，必須依賴人工完成。媽媽的工作是「鏟秧」。鏟秧就是把秧苗從育苗園裡，用鏟刀將附著於泥土表面的秧苗鏟起來，就像吃布丁的動作。鏟下的秧苗，整齊交錯的放在竹簍裡，交給負責插秧的農夫，當媽媽鏟秧時，我喜歡跟在她後面，戲捉躲在秧苗叢中的青蛙、蚱蜢，有時甚至還可以發現小蛇，既刺激又好玩。

媽媽是最心軟的女人，受委屈時，只會將眼淚往肚裡吞。她從不曾打過我，做錯事時只會說說我，要我體會窮人家的孩子要比別人更乖巧、更懂事。她也不忍心讓我做任何工作；即使生病了，也苦撐著虛弱的身體默默的做完。

北上求學時，她常送我去火車站，等火車進站停妥後，媽媽緊握我的雙手，叮嚀我好好照顧自己。當汽笛一響，我趕忙鬆開手，快步上了火車，找到自己的座位，靜靜的依偎在車窗旁，望著窗外熟悉的身影，媽媽正站在不遠的月臺上揮手。火車緩緩駛動後，她一邊揮手；一邊追著火車跑，嘴唇不斷的啟合。朦朧的淚光中，彷彿看見她的眼淚像一朵朵小白花飄落在月臺上。

我是翱翔在天空的風箏，故鄉是拉扯風箏的線，媽媽是緊抓住線的雙手。風箏飛得愈高，雙手抓得愈緊；等風箏飛累了，再慢慢的把線收回來。我常想：風箏累了，可以休息，如果雙手累了，風箏就只能隨風而逝，在浩瀚的天空中流浪了。

路過鯉魚潭

周末下午，我開車沿著大安溪旁的道路緩緩前進，穿過高速公路下方，繞著蜿蜒的鄉間小路，新山線鐵路高架橋橫在路中間，連接兩座山。再往鯉魚潭水庫的方向前進，會經過二十幾年前服務過的鯉魚國小，這裡有我塵封的美好回憶。

當時，我住學校宿舍，放學後，總會有阿兵哥到籃球場來打籃球。記得有一天，阿兵哥邀我到營區吃晚餐，沿著司令臺後方的小路必須經過崗哨，才能進入營區。所謂營區只是一間坐落在舊山線鐵路旁的平房，鐵路緊鄰著山壁，不遠處有一個隧道口，當我凝視隧道內的漆黑時，便聽到「空隆空隆」的聲音，一束強光從隧道內竄出，剎那間，火車在我面前疾駛而過。

學校裡的孩子純真善良，大部分都是客家人，我雖只有一半的客家血統，但感覺親切如家人。記得，孩子只比我小十歲，孩子喊我老師，但我感覺比較像大哥哥，把孩子當自己弟妹看待，和他們一起玩一起讀書。那時候的星期三下午還得上一節課，偶爾，我會在午餐後，帶著全班的孩子，走一段山路到龍騰斷橋。我們走得氣喘吁吁，滿頭大汗的直喊累，重新體驗一下我小時候遠足的感覺。

我一直以為班上的孩子下課時會用客家話交談，出乎意料之外，大部分說著流利的國語和閩南語，印象中有一對姊妹，每當不想讓人聽懂他們的秘密時，就會以客家話交談。我常鼓勵孩子要常常說客家話，即便我聽不懂，我也喜歡聽客家話的輕柔呢喃。

夜裡，偶爾會聽到如廟會放大龍炮的聲音，我猜想應是炸藥聲，那時候鯉魚潭水庫正在施工，必須靠炸藥炸掉山頭。曾經，利用家庭訪問的機會，騎著機車載一個孩子回家，孩子的家在山腰，山路有點陡峭，引擎嘈雜的聲音劃破寂靜的樹林，我騎了好久，心想到了晚上，這段山路應該更令人毛骨悚然吧。

孩子的家是三合院，院子裡堆放些農具，雞鴨在院子裡散步，一隻黑狗望著我狂吠，又邊搖著尾巴迎接主人。住在這裡，真的是世外桃源：滿眼翠綠，空氣清新甜美，蟲鳴鳥叫在耳邊環繞。不過，孩子說等水庫蓋好就得搬家了，因為水庫的水會淹沒她的家。

當時，我很難想像家園被淹沒的樣子，現在，我站在鯉魚潭水庫的觀景臺上遠眺：群山環繞，水面波光粼粼倒映著山的翠綠，我終於能體會了。

駐足在觀景臺上，遊客看的是美景；我看的是青春。

自行車王國

劉金標先生用他一生的心血，打造頂級自行車國際品牌，成為全球營收最高、經營績效最佳的自行車工廠。

創業前，劉金標曾經投資過麵粉、木材、貨運等事業，但成績都不盡理想。後來，在海邊養殖鰻魚，即將收成前夕，卻因颱風來襲，使得鰻魚大量流失，損失慘重。最後，靠朋友提供的資金，讓他繼續養殖鰻魚，慢慢累積創業的資本。

民國六十一年，劉金標和朋友聚餐時，討論到美國正大力推廣自行車運動，並將五月訂為自行車月，自行車市場需求量大，外銷狀況也不錯。於是，他們共同募集創業資金，在臺中大甲成立自行車工廠。工廠成立初期，以自行車代工為主，但是前四年沒有訂單也沒有出貨，創業資金很快就用完了。他到處向銀行貸款，卻被銀行以沒有訂單和客戶為由拒絕。還好，他的姐姐適時伸出援手，並從日本和美國爭取到第一筆代工訂單，雖然只有三百臺，卻讓工廠起死回生。

有一次，委託他代工的美國客戶臨時取消訂單，在這種情況下，為了讓工廠永續生存，他不得不改變經營策略，全力發展自創品牌，開發外銷市場。經過好幾年的創新與研發，終於成為世界三大自行車品牌之一，也扭轉臺灣貨低品質的刻板印象。

站穩全球市場後，劉金標開始提倡全民自行車運動並身體力行。在七十三歲那年，他第一次騎自行車環島旅行，也看到許多人享受騎自行車的樂趣。於是，他決定在全國各大風景區建立旅遊據點，倡導單車旅行的休閒活動，也和政府合作，推出公共自行車，做為大眾運輸系統的接駁工具。現在，臺灣各城市陸續推出公共自行車，不但達到環保與節能的目的，也創造全新的城市通勤文化。

劉金標從事自行車產業四十幾年，把屬於製造業的自行車，成功的轉型成休閒、運動及運輸服務，也讓臺灣成為名副其實的自行車王國。

辦桌

（康軒三上國語第四課）

現在的人請客，喜歡帶著親友到飯店用餐；以前的人家裡有喜事，常會「辦桌」宴請親朋好友。

記得我讀小學三年級時，家裡的新房子蓋好後，也要請客了，這是我盼望好久的一件大事。

辦桌前一天，工人來搭棚架，爸爸也忙著掛紅彩，家裡變得好熱鬧。當天早上，廚師和他的助手載來滿車的食材和用具，他們分工合作把各種用具就定位：有的人排桌子，有的人洗菜，有的人切菜……全都為了迎接中午的盛宴。我們小孩子也好奇的跟前跟後，看得目不轉睛。

十二點一到，爸爸在大門口點上一串鞭炮，響亮的聲音告訴大家：宴會開始了。「手路菜」一道一道的上桌，令人一吃就忘不了。那時，大家平常都吃得很簡單，很少有機會吃到這些食物，只有在「辦桌」時，我才可以吃到這麼多美食，把肚子吃得圓鼓鼓的！

爸爸和媽媽一桌一桌的向客人打招呼、問好，臉上堆滿笑容，笑容像陽光一樣明亮。庭院中飄著一陣陣的香味，歡笑聲此起彼落，氣氛遠比過年還熱鬧。

等宴會收場，有一些「菜尾」，媽媽會分送給親朋好友。往後兩三天，全家三餐就吃這些「菜尾」，直到全部吃完。

當年「辦桌」時的歡樂氛圍，「菜尾」的好味道，是我到現在還難以忘懷的童年味、家鄉味……。

辦桌原文

鄉下人只要遇到家裡有人結婚或者搬新家，就會「辦桌」宴請親朋好友，告知親朋好友家裡的喜事。

新房子蓋好後，我家也要辦桌請客了。我盼了好久，我家終於要辦桌了，記得我家第一次辦桌是姑姑出嫁時，隔了好多年，才能享受家裡辦喜事的快樂。辦桌前一天，搭棚架的工人，在寬敞的庭院中，搭起一根根竹柱子，等棚架整個結構體完成後，再覆蓋上一件塑膠布便大功告成了。搭棚架的同時，爸爸和哥哥已經把春聯貼在門柱和窗戶上方，房子貼上春聯，感覺好像在過年一樣，變得喜氣洋洋。

當天下午，就有好多親戚朋友拿著紅包來給我們，負責收紅包的是以前的「里長伯」。紅色的禮簿上，記載著每一個人紅包內的金錢，姑姑包了三千六百元，大概是最多的了，大部分的人都是包六百元，比六百元多的，大概就是爸爸的親戚，要不然就是好朋友。爸爸說：包紅包就像在跟會一樣，以前，別人有喜事的時候，他包給別人，現在他自己有喜事了，別人自然而然會包給他了，甚至會比當初他所包的金額還要多一些。其實，包紅包的文化也是一種互助的行為。

辦桌當天早上，廚師載了滿車的菜，魚肉、瓦斯和其他料理所需的佐料及器具。爸爸在庭院的角落搭建了一間臨時廚房，廚師和他的幫手，很快的便把各項器具準備好了，有的人洗菜，有的人生火，有的人切菜，每個人都有自己的工作，只為了中午的盛宴。

接近十二點時，陸陸續續有客人把整個會場慢慢填滿，每個人一進門都是大聲的向爸媽說恭喜，爸媽笑得合不攏嘴。大概十二點半，爸爸在大門口點上一串鞭炮，鞭炮的聲音正式宣佈喜宴開始了，第一道菜上的是「冷盤」；裡面裝有雞肉、豬肉、香腸和炸春捲，陸續上了許多菜，炸雞翅膀，炸鰻魚，貢丸湯，油飯等等，每一樣菜都是我的最愛。平常的日子，根本就吃不到這些食物，只有在吃「辦桌」時才有機會，吃到這麼多豐盛的東西。最重要的，還有我愛喝的汽水，我常常為了要吃遍美味的食物，而把肚子撐得好飽好飽，就怕錯過任何一種可口的菜餚。

爺爺，爸爸和媽媽一桌一桌向客人敬酒，看他們的笑容非常燦爛，像極了天空上的太陽一樣。整個會場瀰漫各種食物的香味，吵雜的喧鬧聲此起彼落，氣氛遠比過年來得熱鬧許多。等最後一道菜：海綿蛋糕送上桌，餐桌上可以包走的食物，大概全被包走了，海綿蛋糕的最後主人：便是餐桌上的小孩，餐桌上，誰帶小孩去，誰就有包走海綿蛋糕的權利。其他的菜就必須大家平均分配了，沒有人會多拿一份。

等宴會結束，總會有一些湯湯水水的剩菜，這些剩菜，鄉下人叫做「菜尾」，媽媽會把「菜尾」分送給鄰居，往後兩三天，我們全家三餐就吃這些剩菜，直到把剩菜吃完為止。

註：摘自何元亨《童年萬萬歲》

四季

黃鶯邀約燕子到和煦的南方來度假。遠遠的山際，杜鵑花經過山雨的洗濯之後，顯得更亮麗耀眼了，紫紅的小花朵灑落在一大片的翠綠原野裡。小花朵可不寂寞呢！

朝陽輕柔柔的從雲端掙脫出來，匆忙的趕著偷窺繽紛的世界。鳳凰花悄悄的在校園的角落噴綻團團的火紅，麻雀愉悅的在行道樹叢中，跳上跳下追逐嬉戲，好不熱鬧！

秋風勤快的撿拾昨夜被遺棄的枯葉，搖醒沉睡的街道。也只有秋風才懂得流浪的滋味；只有秋風能體會漂泊的難受。

樹木難捨的褪去僅剩的一件薄衫，卻也堅忍的挺直腰桿承受霜雪的考驗。在困厄的環境中，愈能砥礪堅毅的性格，樹木如此；人不也是這樣的嗎？

一九九七年五月三日《兒童日報》文藝版

常常，我想起那雙手

在那年的雙十節，外公正式與我們告別，那天，細雨濛濛。常常，我想起外公那手腕上刺著一個「八卦」圖形的手。

在無憂無慮的小時候，我最喜歡去外公的國術館找他，每次到了那裡，第一件事就是坐上他那又大又舒適並且涼快的竹椅上。之後，我總會和他說：「阿公，我也要跟你手上一樣的圖案。」他笑了笑，從抽屜裡拿出一隻黑筆，把它畫在我的手上。完成之後，我開心的大笑，覺得自己和阿公一樣是個推拿師而神氣起來；常常，我想起那雙陪我玩樂的手。

每年過節，不管是大節慶、小節日還是西方的節慶或是家人生日，都會到阿公家中吃飯，和表哥、表姊玩耍；在吃飯時，我的碗如同「聚食盒」，所有山珍海味都像被磁化一樣的吸入「盒」中，在我感到驚訝時，我發現了磁鐵——阿公的筷子；常常，我想起的是那一雙以行動付出關愛的手。

然而，阿公的身體每況愈下，到醫院探望他時，只要看到正在吊著點滴的手，我的淚就不自覺的一直落下……。那雙雖溫暖卻已虛弱的手，不到一年，變成了冰冷、僵硬的手；看到這情況的一剎那，腦海中自動播放著他的手，陪我玩樂、為我付出、關心、教導我的手全成了回憶，在眼前的，只有這雙再也無法溫暖的手。

現在，他的手已投向了神，已投向天空，已投向那遙不可及的極樂世界。但在我挫折時，在我悲傷時，我總會想起那雙手給我的加油、打氣；在我欣喜若狂時，我總會想起那雙陪我手舞足蹈的手；在我怒髮衝冠時，我總會想起那要我冷靜以對的手，常常，我想起外公的那雙手。

註：本篇文章作者何語佟，為三重區三和國中二〇一二年四月三十日基測作文模擬寫作測驗，國文老師給六級分肯定。現就讀國立臺灣大學森林環境暨資源學系。

大隊接力

去年的運動會，我們班只獲得大隊接力第四名；今年的運動會，我們要增加練習時間和次數，以擠進前三名為目標。

記得去年三年級在操場的第一次體育課，老師說我們要好好準備運動會大隊接力，最後獲得第四名。今年，老師說除了體育課外，也會利用晨間活動的時間練習，這是我第二次參加大隊接力比賽，期待可以獲得更好的成績。

運動會前一個月，每天，我們利用晨間活動跑五圈操場，更密集的練習傳接棒的技巧，在接力區不斷練習起跑時間點，培養和傳接棒隊友間的默契。每次練習後，我們氣喘吁吁的彼此相望，彼此鼓勵，邁向我們共同設定的目標。

運動會當天早上，運動員繞場開幕後，接著各式各樣的表演活動、個人田徑賽……最後的項目便是大隊接力，當司儀宣布四年級大隊接力選手開始檢錄，接著，裁判老師要求單數和偶數棒次到指定位置。四年級各班第一棒也站上起跑點，當槍聲一響，為大隊接力揭開序幕。我排在第五棒，接到棒時，我們班暫時位居第四名，我全力衝刺，傳給第六棒後，還差一點跌坐在跑道上。此時，我漲紅著臉，心跳加速，更是氣喘如牛的站在跑道邊，遠看著隊友向前衝刺。

看著我們班一棒接一棒，我們在選手休息區每一棒吶喊，司儀帶著場邊的家長一起加油。一開始各班互有領先，從第十一棒後，我們班就維持在第三、第四名間。場邊尖叫聲迴盪在操場上，炙熱的太陽更熱情了。代表領先群第一名的最後一棒槍響後，我們班最後一棒是田徑隊的風速女王，只見她接棒剎那，大約只距離第三名的選手十公尺。我們扯破喉嚨又叫又跳，一瞬間，風速女王遠遠拋開第三名選手，直到終點。我們班的選手高興得跳了起來，彼此擊掌擁抱，慶祝達成第三名的目標。

大隊接力結束後，我們回到班級休息區，大家七嘴八舌的討論比賽過程，老師和每一個同學笑開懷，沉浸在達成目標的歡樂氣氛中。一直到司儀廣播各班到操場集合，準備運動會閉幕。

暑假過後，我即將升上五年級，每每想起上學期的運動會，我到現在還難以忘懷大隊接力的緊張與刺激，特別是全班實現共同目標的成就感。

內容深究

內容深究教學

摘〈五月天的音樂夢〉課文大意

「內容深究」的目的在透過課文理解後，讓學生可以擴展知識領域，建立並培養正確的判斷能力與觀念，認識作者取材的方法與範圍，訓練思維的方式，最後藉由欣賞文章，培養美感經驗。（改寫自羅秋昭）

內容深究要探討課文的內容「是什麼」：人物、事件、故事情節、大意。再探討文章的內容「為什麼」：也就是隱藏在人、事、物背後的思想、精神和觀念。形式深究是研究課文內容是「怎麼寫的」、「為什麼要這樣寫」：也就是課文的字詞義、修辭、句型、取材、體裁、結構等，並進行閱讀摘取段落架構、寫作取材訓練、學習文章布局、及其他具特色的寫作方法等。

內容深究首要探討課文的內容「是什麼」？也就是我們熟悉的摘取段落及課文大意。從課文內容中，透過提問，在問答過程裡，慢慢的引導學生個別思考或擷取訊息、兩兩或分組討論，找出每一自然段或意義段的背景（人、事、時、地等）、看法或想法、計畫或行動、結果或結局等重點訊息，摘出段落大意，再歸納成課文大意。提問策略可參考閱讀理解四層次指標前二個層次，第一層次直接提取訊息：與特定目標有關的訊息。找出特定想法或觀點。指出故事的場景（如時間、地點）。找出文章中明確陳述的主題句或主要觀點。第二層次直接推論訊息：推論出某事件所導致的另一事件。在一串的論點或一段文字後，歸納出重點。

五月天的音樂夢

搖滾樂團「五月天」自成軍以來，勇敢追求音樂的夢想，在實現夢想的歷程中，他們不斷的尋求自我突破，創造屬於自己的舞臺。每一次的演出，都為了累積每一次成功的能量，他們希望用音樂喚醒人們心中的熱情，留下永恆的感動，讓世界變得更美好。

十幾年來，五月天對於音樂創作與演出，始終秉持專業與敬業的態度。每個團員都具有彈奏吉他的基本能力，主唱阿信幾乎包辦了所有的詞曲創作，貝斯手瑪莎擅長大提琴、鋼琴、口琴等樂器，鼓手冠佑對電子琴也非常拿手，團長兼吉他手怪獸具備音樂製作的專長；另一位吉他手石頭，更是專精錄音工程。由於他們專業的分工，因而讓每一張專輯，都能引起歌迷的共鳴；讓每一場演唱會，都能滿足歌迷的期待。

熱愛音樂的五月天，即使他們已經是超人氣的偶像團體，卻保有平易近人的風範；不論是拍攝廣告或演出前的彩排，仍然和工作人員一起排隊領取便當。他們和所有人的互動謙虛有禮，就像老朋友一樣，絲毫不見明星的架子。

五月天的團員具有濃厚的革命情感，不爭名不搶利，彼此互信互諒。他們從不在乎知名度的高低，也不像一般的樂團以主唱為要角，每個團員都具備鮮明的特色與風格，也都擁有各自的粉絲。特別是在演出時，他們深刻的友情和完美的分工，充分展現密不可分的默契。

綻放音樂熱情的五月天，他們所創作的詞曲，有輕快的節奏，婉約的旋律，深遠的意境，歌聲更具有無比的穿透力。五月天所唱的每首歌，都能讓歌迷輕易的朗朗上口，也鼓勵歌迷勇敢追求夢想，樂觀看待自己的人生。聽他們的歌，可以讓人輕鬆自在，也可以振奮人心，更可以擁抱無限的希望。

堅持音樂夢想的五月天，除了不斷創造臺灣樂壇空前的紀錄外，也曾經在北京鳥巢體育館，締造兩場二十萬人爆滿的紀錄。在眾多的華人樂團中，他們不但是第一個登上日本音樂節目演唱，而且也是第一個接受英國國家廣播公司專訪的樂團。他們成功的站上國際舞臺，讓全世界再度看見臺灣，也成為另類的「臺灣之光」。

五月天的努力，不但讓自己成為年輕人成功的典範，也讓搖滾樂成為跨世代共同的愛好；五月天的堅持，不僅讓全世界看到他們的成功，更提升了臺灣的國際知名度。

以我寫的〈五月天的音樂夢〉為文例，以各自然段內容為基準，教師透過提問，引導學生摘取段落及全課大意：

搖滾樂團「五月天」自成軍以來，勇敢追求音樂的夢想，在實現夢想的歷程中，他們不斷的尋求自我突破，創造屬於自己的舞臺。每一次的演出，都為了累積每一次成功的能量，他們希望用音樂喚醒人們心中的熱情，留下永恆的感動，讓世界變得更美好。

Q1：五月天追求音樂夢的目的是什麼？（第一層次直接提取訊息：找出特定想法或觀點。）

A1：五月天勇敢追求音樂夢，希望用音樂喚醒人們心中的熱情，留下永恆的感動，讓世界變得更美好。

十幾年來，五月天對於音樂創作與演出，始終秉持專業與敬業的態度。每個團員都具有彈奏吉他的基本能力，主唱阿信幾乎包辦了所有的詞曲創作，貝斯手瑪莎擅長大提琴、鋼琴、口琴等樂器，鼓手冠佑對電子琴也非常拿手，團長兼吉他手怪獸具備音樂製作的專長；另一位吉他手石頭，更是專精錄音工程。由於他們專業的分工，因而讓每一張專輯，都能引起歌迷的共鳴；讓每一場演唱會，都能滿足歌迷的期待。

Q2：五月天如何讓每一場演唱會，都能滿足歌迷的期待？（第二層次直接推論訊息：推論出某事件所導致的另一事件。）

A2：五月天秉持專業與敬業的態度，透過專業的分工，讓每一場演唱會都能引起歌迷的共鳴。

熱愛音樂的五月天，即使他們已經是超人氣的偶像團體，卻保有平易近人的風範；不論是拍攝廣告或演出前的彩排，仍然和工作人員一起排隊領取便當。他們和所有人的互動謙虛有禮，就像老朋友一樣，絲毫不見明星的架子。

Q3：五月天和人互動的態度如何？（第一層次直接提取訊息：與特定目標有關的訊息）

A3：五月天和所有人的互動謙虛有禮，親切而平易近人。

五月天的團員具有濃厚的革命情感，不爭名不搶利，彼此互信互諒。他們從不在乎知名度的高低，也不像一般的樂團以主唱為要角，每個團員都具備鮮明的特色與風格，也都擁有各自的粉絲。特別是在演出時，他們深刻的友情和完美的分工，充分展現密不可分的默契。

Q4：五月天團員有什麼樣的革命情感？（第二層次直接推論訊息：在一串的論點或一段文字後，歸納出重點。）

A4：每個團員不爭名不搶利，彼此互信互諒，具備鮮明的特色與風格，也擁有各自的粉絲。

綻放音樂熱情的五月天，他們所創作的詞曲，有輕快的節奏，婉約的旋律，深遠的意境，歌聲更具有無比的穿透力。五月天所唱的每首歌，都能讓歌迷輕易的朗朗上口，也鼓勵歌迷勇敢追求夢想，樂觀看待自己的人生。聽

他們的歌，可以讓人輕鬆自在，也可以振奮人心，更可以擁抱無限的希望。

Q5：五月天的歌聲具有無比的穿透力指的是什麼？（第二層次直接推論訊息：推論出某事件所導致的另一事件。）

A5：五月天所唱的每首歌，都能讓歌迷輕易的朗朗上口，聽他們的歌，可以讓人輕鬆自在，也可以振奮人心，更可以擁抱無限的希望。

堅持音樂夢想的五月天，除了不斷創造臺灣樂壇空前的紀錄外，也曾經在北京鳥巢體育館，締造兩場二十萬人爆滿的紀錄。在眾多的華人樂團中，他們不但是第一個登上日本音樂節目演唱，而且也是第一個接受英國國家廣播公司專訪的樂團。他們成功的站上國際舞臺，讓全世界再度看見臺灣，也成為另類的「臺灣之光」。

Q6：五月天如何成為另類的「臺灣之光」？（第二層次直接推論訊息：在一串的論點或一段文字後，歸納出重點。）

A6：五月天曾經在北京鳥巢體育館，締造兩場二十萬人爆滿的紀錄。他們不但是第一個登上日本音樂節目演唱，而且也是第一個接受英國國家廣播公司專訪的華人樂團。

五月天的努力，不但讓自己成為年輕人成功的典範，也讓搖滾樂成為跨世代共同的愛好；五月天的堅持，不僅讓全世界看到他們的成功，更提升了臺灣的國際知名度。

Q7：五月天的努力和堅持，結果如何？（第二層次直接推論訊息：推論出某事件所導致的另一事件。）

A7：讓自己成為年輕人成功的典範，也讓搖滾樂成為跨世代共同的愛好。讓全世界看到他們的成功，提升臺灣的國際知名度。

將摘出的各段段落大意，完整呈現，再從背景（人、事、時、地等）、看法或想法、計畫或行動、結果或結局等重點訊息進行歸納。

（一）五月天勇敢追求音樂夢，希望用音樂喚醒人們心中的熱情，留下永恆的感動，讓世界變得更美好。

（二）五月天秉持專業與敬業的態度，透過專業的分工，讓每一場演唱會都能引起歌迷的共鳴。

（三）五月天和所有人的互動謙虛有禮，親切而平易近人。

（四）每個團員不爭名不搶利，彼此互信互諒，具備鮮明的特色與風格，也擁有各自的粉絲。

（五）五月天所唱的每首歌，都能讓歌迷輕易的朗朗上口，聽他們的歌，可以讓人輕鬆自在，也可以振奮人心，更可以擁抱無限的希望。

（六）五月天曾經在北京鳥巢體育館，締造兩場二十萬人爆滿的紀錄。他們不但是第一個登上日本音樂節目演唱，而且也是第一個接受英國國家廣播公司專訪的華人樂團。

（七）讓自己成為年輕人成功的典範，也讓搖滾樂成為跨世代共同的愛好。讓全世界看到他們的成功，提升臺灣的國際知名度。

首先，試著找出各段相關的訊息：（一）敘述五月天對音樂的想法，（二）和（五）敘述五月天的歌聲能引起歌迷共鳴，（三）和（四）敘述五月受到歌迷喜愛的原因，（六）敘述五月天創造華人樂團的輝煌紀錄，（七）敘述五月天的音樂成就。

接著，針對歸納的段落大意，保留主要訊息和合併相關訊息。

（一）五月天（人）勇敢追求音樂夢（事），希望用音樂讓世界變得更美好（想法）。

（二）他們秉持專業與敬業的態度（行動），和所有人的互動謙虛有禮（行動）。每個團員彼此互信互諒，也擁有各自的粉絲（結果）。

（三）聽他們的歌，可以讓人輕鬆自在，也可以振奮人心，更可以擁抱無限的希望（結果）。

（四）五月天曾經在北京鳥巢體育館（地），締造兩場二十萬人爆滿的紀錄（事），也是第一個登上日本音樂節目演唱和接受英國國家廣播公司專訪的華人樂團（事）。

（五）他們不但成為年輕人成功的典範，也讓搖滾樂成為跨世代共同的愛好，更讓全世界看到他們的成功，提升臺灣的國際知名度（結果）。

然後，統整、歸納、合併相關訊息，最後，加上時間或連接詞稍作潤飾。

（一）五月天（人）勇敢追求音樂夢（事），要讓世界變得更美好（想法）。

（二）他們秉持專業與敬業的態度（行動），也擁有各自的粉絲（結果）。

（三）聽他們的歌，可以輕鬆自在，擁抱無限的希望（結果）。

（四）他們曾經在北京鳥巢體育館（地），締造滿場的紀錄（事），也是第一個登上日本和英國電視的華人樂團（事）。

（五）他們讓搖滾樂成為跨世代共同的愛好，提升臺灣的國際知名度（結果）。

經過上述教學流程後，歸納全課大意如下：

五月天（人）自成軍以來（時），（人）勇敢追求音樂夢（事），要讓世界變得更美好（想法）。他們秉持專業與敬業的態度（行動），也擁有各自的粉絲（結果）。聽他們的歌，可以輕鬆自在，擁抱無限的希望（結果）。他們曾經在北京鳥巢體育館（地），締造滿場的紀錄（事），也是第一個登上日本和英國電視的華人樂團（事）。因此（連接詞），他們讓搖滾樂成為跨世代共同的愛好，提升臺灣的國際知名度（結果）。

摘〈辦桌〉段落大意教學

學生應具備的舊經驗為概覽課文並理解文意，生字詞語習寫及詞義解釋。摘段落大意可以從自然段課文內容，依據人、事、時、地、物、原因或發展歷程等元素提出問題，引導學生個別發表，倆倆或分組討論、歸納及發表，說出或寫出自然段段落大意。

以我的課文〈辦桌〉為例進行摘段落大意：教學流程為分段閱讀，找出段落重要事件，順便檢查段落重要事件是否有遺漏？排列事件順序，比較合併及串連事件，揭示各自然段段落大意。也可以從意義段課文內容來摘段落大意，但必須先統整自然段成意義段。記敘文自然段整併意義段，通常依照結構層次：背景、原因、經過、結果。

辦桌（康軒三上國語第四課）

現在的人請客，喜歡帶著親友到飯店用餐；以前的人家裡有喜事，常會「辦桌」宴請親朋好友。

記得我讀小學三年級時，家裡的新房子蓋好後，也要請客了，這是我盼望好久的一件大事。

辦桌前一天，工人來搭棚架，爸爸也忙著掛紅彩，家裡變得好熱鬧。當天早上，廚師和他的助手載來滿車的食材和用具，他們分工合作把各種用具就定位：有的人排桌子，有的人洗菜，有的人切菜……全都為了迎接中午的盛宴。我們小孩子也好奇的跟前跟後，看得目不轉睛。

十二點一到，爸爸在大門口點上一串鞭炮，響亮的聲音告訴大家：宴會開始了。「手路菜」一道一道的上桌，令人一吃就忘不了。那時，大家平常都吃得很簡單，很少有機會吃到這些食物，只有在「辦桌」時，我才可以吃到這麼多美食，把肚子吃得圓鼓鼓的！

爸爸和媽媽一桌一桌的向客人打招呼、問好，臉上堆滿笑容，笑容像陽光一樣明亮。庭院中飄著一陣陣的香味，歡笑聲此起彼落，氣氛遠比過年還熱鬧。

等宴會收場，有一些「菜尾」，媽媽會分送給親朋好友。往後兩三天，全家三餐就吃這些「菜尾」，直到全部吃完。

當年「辦桌」時的歡樂氛圍，「菜尾」的好味道，是我到現在還難以忘懷的童年味、家鄉味……。

（第一自然段）現在的人請客，喜歡帶著親友到飯店用餐；以前的人家裡有喜事，常會「辦桌」宴請親朋好友。

教師提問：現在和以前的人宴客地點有何不同？原因為何？對象是誰？引導學生找出重要事件：現在的人習慣到飯店宴客，以前的人在自家辦桌宴客，宴客的原因都是家有喜事，宴請的對象為親朋好友。比較合併事件：古今宴客地點不同，原因都是家有喜事，宴請的對象為親朋好友。串聯上述事件訊息，摘段落大意：現在的人喜歡到飯店宴客，以前的人，常以「辦桌」宴客。

（第二自然段）記得我讀小學三年級時，家裡的新房子蓋好後，也要請客了，這是我盼望好久的一件大事。

教師提問：作者家辦桌的時間是何時？辦桌的原因是什麼？

引導學生找出重要事件：作者讀小學三年級時，家裡的新房子蓋好後，要宴請賓客。比較合併事件：作者三年級時，家裡的新房子蓋好後，要辦桌宴客。串聯上述事件訊息，摘段落大意：小學三年級時，新居落成，要辦桌宴客。

（第三自然段）辦桌前一天，工人來搭棚架，爸爸也忙著掛紅彩，家裡變得好熱鬧。當天早上，廚師和他的助手載來滿車的食材和用具，他們分工合作把各種用具就定位：有的人排桌子，有的人洗菜，有的人切菜……全都為了迎接中午的盛宴。我們小孩子也好奇的跟前跟後，看得目不轉睛。

教師提問：辦桌前，需要準備什麼工作？廚師和他的助手忙著做什麼？

引導學生找出重要事件：辦桌前一天，工人搭棚架，爸爸掛紅彩。辦桌當天早上，廚師和助手分工合作把各種用具就定位：有的人排桌子，有的人洗菜，有的人切菜……。比較合併事件：辦桌前一天，工人搭棚架，爸爸掛紅彩。廚師和助手分工合作準備辦桌所需要完成的各項工作。串聯上述事件訊息，摘段落大意：辦桌前，工人搭棚架，爸爸掛紅彩。辦桌當天早上，他們載來滿車的食材和用具，分工合作準備迎接中午的盛宴。

（第四自然段）十二點一到，爸爸在大門口點上一串鞭炮，響亮的聲音告訴大家：宴會開始了。「手路菜」一道一道的上桌，令人一吃就忘不了。那時，大家平常都吃得很簡單，很少有機會吃到這些食物，只有在「辦桌」時，我才可以吃到這麼多美食，把肚子吃得圓鼓鼓的！

教師提問：如何告知賓客宴席開始的時間？作者的經驗是什麼？

引導學生找出重要事件：十二點一到，爸爸在大門口點上一串鞭炮。作者看到「手路菜」一道一道的上桌，也把肚子吃得圓鼓鼓的！比較合併事件：作者看到爸爸在大門口點上一串鞭炮，也看到「手路菜」一道一道的上桌。串聯上述事件訊息，摘段落大意：十二點一到，作者看到爸爸在大門口點上一串鞭炮，也品嘗一道又一道的「手路菜」。

（第五自然段）爸爸和媽媽一桌一桌的向客人打招呼、問好，臉上堆滿笑容，笑容像陽光一樣明亮。庭院中飄著一陣陣的香味，歡笑聲此起彼落，氣氛遠比過年還熱鬧。

教師提問：宴席進行中，作者的父母忙著做什麼？賓客的反應如何？

引導學生找出重要事件：作者的爸爸和媽媽一桌一桌的向客人打招呼、問好，賓客開心的享用手路菜，歡笑聲此起彼落，氣氛遠比過年還熱鬧。比較合併事件：作者的爸媽逐桌向賓客敬酒，宴席中，主人和賓客的歡笑聲此起彼落。串聯上述事件訊息，摘段落大意：作者的爸媽掛著笑容逐桌敬酒寒暄，賓客享用手路菜，歡笑聲此起彼落，比過年還熱鬧。

（第六自然段）等宴會收場，有一些「菜尾」，媽媽會分送給親朋好友。往後兩三天，全家三餐就吃這些「菜尾」，直到全部吃完。

教師提問：作者的媽媽如何處理「菜尾」？

引導學生找出重要事件：媽媽會分送「菜尾」給親朋好友，剩下的就留給全家三餐吃，直到全部吃完。比較合併事件：作者的媽媽分送「菜尾」給親朋好友，剩下的「菜尾」就留給家人。串聯上述事件訊息，摘段落大意：作者的媽媽將「菜尾」分享給親朋好友，剩下的留著自家享用。

（第七自然段）當年「辦桌」時的歡樂氛圍，「菜尾」的好味道，是我到現在還難以忘懷的童年味、家鄉味……。

教師提問：作者難忘的童年味、家鄉味是什麼？

引導學生找出重要事件：作者難以忘懷當年辦桌前的準備工作，享用一道道拿手菜，爸媽和賓客的歡笑聲，還有宴席結束後「菜尾」的好味道。比較合併事件：作者難以忘懷當年「辦桌」時的歡樂氛圍，「菜尾」的好味道。串聯上述事件訊息，摘段落大意：「辦桌」時的歡樂氛圍和「菜尾」的好味道，是作者難以忘懷的童年味、家鄉味。

摘段落大意，除自然段外，也可以採意義段，依自然段內容，將敘述同一事件的自然段，統整合併成意義段，仿照自然段，透過教師提問，引導學生找出重要事件後，然後，比較合併事件，最後，串聯上述事件訊息，摘段落大意。以意義段摘段落大意時，教師提問的問題要比自然段更精準，提問一個問題或連續二個以上都可以，引導學生回答問題必須更精煉，因此，學生經過討論、統整及歸納後的答案，就是意義段段落大意。

第一和第二自然段合併為第一意義段，內容如下：（第一自然段）現在的人請客，喜歡帶著親友到飯店用餐；以前的人家裡有喜事，常會「辦桌」宴請親朋好友。（第二自然段）記得我讀小學三年級時，家裡的新房子蓋好後，也要請客了，這是我盼望好久的一件大事。

第一意義段敘述古今宴客方式不同，時間是作者小學三年級，地點在家中庭院，主角是作者，另外，全文人物可區分：主人是作者和他的爸爸、媽媽，賓客是爸爸、媽媽的親朋好友，其他人是搭棚架的工人、辦桌的廚師和助手。辦桌的原因是作者家的新房子蓋好後，宴請親朋好友。以文章結構來說，背景就是敘述古今宴客方式、時間、地點、人物，原因就是新居落成，宴請賓客。

教師提問：現在和以前的人宴客地點有何不同？作者家辦桌的時間是何時？辦桌的原因是什麼？引導學生找出重要事件：現在的人習慣到飯店宴客，以前的人在自家辦桌宴客。作者讀小學三年級時，家裡的新房子蓋好後，要宴請賓客。比較合併事件：現在和以前的人，分別在飯店和辦桌宴客。作者三年級時，家裡的新房子蓋好後，要辦桌宴客。串聯上述事件訊息，摘段落大意：現在的人喜歡到飯店宴客，以前的人，常以「辦桌」宴客。小學三年級時，新居落成，要辦桌宴客。

第三、第四和第五自然段，合併為第二意義段，內容如下：（第三自然段）辦桌前一天，工人來搭棚架，爸爸也忙著掛紅彩，家裡變得好熱鬧。當天早上，廚師和他的助手載來滿車的食材和用具，他們分工合作把各種用具就定位：有的人排桌子，有的人洗菜，有的人切菜……全都為了迎接中午的盛宴。我們小孩子也好奇的跟前跟後，看得目不轉睛。（第四自然段）十二點一到，爸爸在大門口點上一串鞭炮，響亮的聲音告訴大家：宴會開始了。「手路菜」一道一道的上桌，令人一吃就忘不了。那時，大家平常都吃得很簡單，很少有機會吃到這些食物，只有在「辦桌」時，我才可以吃到這麼多美食，把肚子吃得圓鼓鼓的！（第五自然段）爸爸和媽媽一桌一桌的向客人打招呼、問好，臉上堆滿笑容，笑容像陽光一樣明亮。庭院中飄著一陣陣的香味，歡笑聲此起彼落，氣氛遠比過年還熱鬧。

第二意義段敘述辦桌的經過，從辦桌前一天、辦桌當天早上準備的情形，從爸爸點燃鞭炮宣告宴席開始，爸爸、媽媽逐桌向客人敬酒，賓主盡歡的氣氛。

教師提問：辦桌前，需要準備什麼工作？如何告知賓客宴席開始的時間？作者的經驗是什麼？宴席進行中，作者的父母和賓客各做了什麼事？

引導學生找出重要事件：辦桌前一天，工人搭棚架，爸爸掛紅彩。辦桌當天早上，廚師和助手分工合作把各種用具就定位：有的人排桌子，有的人洗菜，有的人切菜……。十二點一到，爸爸在大門口點上一串鞭炮。作者看到「手路菜」一道一道的上桌，也把肚子吃得圓鼓鼓的。作者的爸爸和媽媽一桌一桌的向客人打招呼、問好，賓客開心的享用手路菜，歡笑聲此起彼落，氣氛遠比過年還熱鬧。

比較合併事件：辦桌前一天，工人搭棚架，爸爸掛紅彩。廚師和助手分工合作準備辦桌所需要完成的各項工作。作者看到爸爸在大門口點上一串鞭炮，也品嘗一道又一道的「手路菜」。作者的爸媽逐桌向賓客敬酒，宴席中，主人和賓客的歡笑聲此起彼落。串聯上述事件訊息，摘段落大意：辦桌前，工人搭棚架，爸爸掛紅彩。辦桌當天早上，廚師和助手載來滿車的食材和用具，分工合作準備辦桌。十二點一到，爸爸在大門口點上一串鞭炮，也品嘗一道又一道的「手路菜」。爸媽掛著笑容逐桌敬酒寒暄，賓客享用手路菜，歡笑聲此起彼落。

第六自然段，也是第三意義段，內容如下：（第六自然段）等宴會收場，有一些「菜尾」，媽媽會分送給親朋好友。往後兩三天，全家三餐就吃這些「菜尾」，直到全部吃完。第三意義段敘述辦桌的結果，會剩下一些菜餚，稱為「菜尾」，媽媽分送給親朋好友，剩下的留著自家食用。

教師提問：作者的媽媽如何處理「菜尾」？

引導學生找出重要事件：媽媽會分送「菜尾」給親朋好友，剩下的就留給全家三餐吃，直到全部吃完。比較合併事件：作者的媽媽分送「菜尾」給親朋好友，剩下的「菜尾」就留給家人。串聯上述事件訊息，摘段落大意：作者的媽媽將「菜尾」分享給親朋好友，剩下的留著自家享用。

第七自然段，也是第四意義段，內容如下：（第七自然段）當年「辦桌」時的歡樂氛圍，「菜尾」的好味道，是我到現在還難以忘懷的童年味、家鄉味……。

第四意義段敘述辦桌的結局，作者懷念辦桌及菜尾的好味道，寫出心裡的感受。

教師提問：作者難忘的童年味、家鄉味是什麼？

引導學生找出重要事件：作者難以忘懷當年辦桌前的準備工作，享用一道道拿手菜，爸媽和賓客的歡笑聲，還有宴席結束後「菜尾」的好味道。比較合併事件：作者難以忘懷當年「辦桌」時的歡樂氛圍，「菜尾」的好味道。串聯上述事件訊息，摘段落大意：「辦桌」時的歡樂氛圍和「菜尾」的好味道，是作者難以忘懷的童年味、家鄉味。

摘〈辦桌〉課文大意

學生舊經驗已理解課文內容，並且已摘取全課自然段和意義段段落大意。教師可以引導學生個別或倆倆或分組或全班共同學習，試著歸納自然段和意義段段落大意。再合併、比較、串聯各自然段和意義段段落大意，要確實掌握全文的「人」、「事」、「時」、「地」等訊息。必要時，可以刪除贅詞，可以統整及歸納相同範圍的事件，加上連接或潤飾的語詞，便可以順利摘課文大意。

辦桌（康軒三上國語第四課）

現在的人請客，喜歡帶著親友到飯店用餐；以前的人家裡有喜事，常會「辦桌」宴請親朋好友。

記得我讀小學三年級時，家裡的新房子蓋好後，也要請客了，這是我盼望好久的一件大事。

辦桌前一天，工人來搭棚架，爸爸也忙著掛紅彩，家裡變得好熱鬧。當天早上，廚師和他的助手載來滿車的食材和用具，他們分工合作把各種用具就定位：有的人排桌子，有的人洗菜，有的人切菜……全都為了迎接中午的盛宴。我們小孩子也好奇的跟前跟後，看得目不轉睛。

十二點一到，爸爸在大門口點上一串鞭炮，響亮的聲音告訴大家：宴會開始了。「手路菜」一道一道的上桌，令人一吃就忘不了。那時，大家平常都吃得很簡單，很少有機會吃到這些食物，只有在「辦桌」時，我才可以吃到這麼多美食，把肚子吃得圓鼓鼓的！

爸爸和媽媽一桌一桌的向客人打招呼、問好，臉上堆滿笑容，笑容像陽光一樣明亮。庭院中飄著一陣陣的香味，歡笑聲此起彼落，氣氛遠比過年還熱鬧。

等宴會收場，有一些「菜尾」，媽媽會分送給親朋好友。往後兩三天，全家三餐就吃這些「菜尾」，直到全部吃完。

當年「辦桌」時的歡樂氛圍，「菜尾」的好味道，是我到現在還難以忘懷的童年味、家鄉味……。

（第一自然段）現在的人請客，喜歡帶著親友到飯店用餐；以前的人家裡有喜事，常會「辦桌」宴請親朋好友。

第一自然段段落大意：現在的人喜歡到飯店宴客，以前的人，常以「辦桌」宴客。

（第二自然段）記得我讀小學三年級時，家裡的新房子蓋好後，也要請客了，這是我盼望好久的一件大事。

第二自然段段落大意：小學三年級時，新居落成，要辦桌宴客。

（第三自然段）辦桌前一天，工人來搭棚架，爸爸也忙著掛紅彩，家裡變得好熱鬧。當天早上，廚師和他的助手載來滿車的食材和用具，他們分工合作把各種用具就定位：有的人排桌子，有的人洗菜，有的人切菜……全都為了迎接中午的盛宴。我們小孩子也好奇的跟前跟後，看得目不轉睛。

第三自然段段落大意：辦桌前，工人搭棚架，爸爸掛紅彩。辦桌當天早上，他們載來滿車的食材和用具，分工合作準備迎接中午的盛宴。

（第四自然段）十二點一到，爸爸在大門口點上一串鞭炮，響亮的聲音告訴大家：宴會開始了。「手路菜」一道一道的上桌，令人一吃就忘不了。那時，大家平常都吃得很簡單，很少有機會吃到這些食物，只有在「辦桌」時，我才可以吃到這麼多美食，把肚子吃得圓鼓鼓的！

第四自然段段落大意：十二點一到，作者看到爸爸在大門口點上一串鞭炮，也品嘗一道又一道的「手路菜」。

（第五自然段）爸爸和媽媽一桌一桌的向客人打招呼、問好，臉上堆滿笑容，笑容像陽光一樣明亮。庭院中飄著一陣陣的香味，歡笑聲此起彼落，氣氛遠比過年還熱鬧。

第五自然段段落大意：作者的爸媽掛著笑容逐桌敬酒寒暄，賓客享用手路菜，歡笑聲此起彼落，比過年還熱鬧。

（第六自然段）等宴會收場，有一些「菜尾」，媽媽會分送給親朋好友。往後兩三天，全家三餐就吃這些「菜尾」，直到全部吃完。

第六自然段段落大意：作者的媽媽將「菜尾」分享給親朋好友，剩下的留著自家享用。

（第七自然段）當年「辦桌」時的歡樂氛圍，「菜尾」的好味道，是我到現在還難以忘懷的童年味、家鄉味……。

第七自然段段落大意：「辦桌」時的歡樂氛圍和「菜尾」的好味道，是作者難以忘懷的童年味、家鄉味。

歸納第一至第七自然段段落大意，摘全課大意：

現在和以前（時）的人（人），分別會在飯店和辦桌（地）宴客（事）。小學三年級時（時），新居（地）落成（事），要辦桌宴客（事）。辦桌前（時），必須搭棚架，掛紅彩，準備食材和用具（地）（事）。當天中午十二點（時），爸爸（人）點燃鞭炮（事），我和賓客（人）品嘗手路菜（事），爸媽（人）逐桌敬酒寒暄（事）。辦桌後（時），媽媽（人）將菜尾分送（事）給親友（人），剩下的留著自家（人）享用。辦桌的歡樂和菜尾的好味道（事），是我（人）難忘的童年味、家鄉味（事）。

仿照自然段段落大意歸納課文大意的教學流程，也可以意義段段落大意歸納課文大意。

第一和第二自然段合併為第一意義段，內容如下：（第一自然段）現在的人請客，喜歡帶著親友到飯店用餐；以前的人家裡有喜事，常會「辦桌」宴請親朋好友。（第二自然段）記得我讀小學三年級時，家裡的新房子蓋好後，也要請客了，這是我盼望好久的一件大事。

第一意義段敘述古今宴客方式不同，時間是作者小學三年級，地點在家中庭院，主角是作者，另外，全文人物可區分：主人是作者和他的爸爸、媽媽，賓客是爸爸、媽媽的親朋好友，其他人是搭棚架的工人、辦桌的廚師和助手。辦桌的原因是作者家的新房子蓋好後，宴請親朋好友。以文章結構來說，背景就是敘述古今宴客方式、時間、地點、人物，原因就是新居落成，宴請賓客。

第一意義段段落大意：現在的人喜歡到飯店宴客，以前的人，常以「辦桌」宴客。小學三年級時，新居落成，要辦桌宴客。

第三、第四和第五自然段，合併為第二意義段，內容如下：（第三自然段）辦桌前一天，工人來搭棚架，爸爸也忙著掛紅彩，家裡變得好熱鬧。當天早上，廚師和他的助手載來滿車的食材和用具，他們分工合作把各種用具就定位：有的人排桌子，有的人洗菜，有的人切菜……全都為了迎接中午的盛宴。我們小孩子也好奇的跟前跟後，看得目不轉睛。（第四自然段）十二點一到，爸爸在大門口點上一串鞭炮，響亮的聲音告訴大家：宴會開始了。「手路菜」一道一道的上桌，令人一吃就忘不了。那時，大家平常都吃得很簡單，很少有機會吃到這些食物，只有在「辦桌」時，我才可以吃到這麼多美食，把肚子吃得圓鼓鼓的！（第五自然段）爸爸和媽媽一桌一桌的向客人打招呼、問好，臉上堆滿笑容，笑容像陽光一樣明亮。庭院中飄著一陣陣的香味，歡笑聲此起彼落，氣氛遠比過年還熱鬧。

第二意義段敘述辦桌的經過，從辦桌前一天、辦桌當天早上準備的情形，從爸爸點燃鞭炮宣告宴席開始，爸爸、媽媽逐桌向客人敬酒，賓主盡歡的氣氛。

第二意義段段落大意：辦桌前，工人搭棚架，爸爸掛紅彩。辦桌當天早上，廚師和助手載來滿車的食材和用具，分工合作準備辦桌。十二點一到，爸爸在大門口點上一串鞭炮，也品嘗一道又一道的「手路菜」。爸媽掛著笑容逐桌敬酒寒暄，賓客享用手路菜，歡笑聲此起彼落。

第六自然段，也是第三意義段，內容如下：（第六自然段）等宴會收場，有一些「菜尾」，媽媽會分送給親朋好友。往後兩三天，全家三餐就吃這些「菜尾」，直到全部吃完。

第三意義段敘述辦桌的結果，會剩下一些菜餚，稱為「菜尾」，媽媽分送給親朋好友，剩下的留著自家食用。

第三意義段段落大意：作者的媽媽將「菜尾」分享給親朋好友，剩下的留著自家享用。

第七自然段，也是第四意義段，內容如下：（第七自然段）當年「辦桌」時的歡樂氛圍，「菜尾」的好味道，是我到現在還難以忘懷的童年味、家鄉味……。

第四意義段敘述辦桌的結局，作者懷念辦桌及菜尾的好味道，寫出心裡的感受。

第四意義段段落大意：「辦桌」時的歡樂氛圍和「菜尾」的好味道，是作者難以忘懷的童年味、家鄉味。

歸納第一至第四意義段段落大意，摘全課大意：

現在和以前（時）的人（人），分別會在飯店和辦桌（地）宴客（事）。小學三年級時（時），新居（地）落成（事），要辦桌宴客（事）。辦桌前（時），必須搭棚架，掛紅彩，準備食材和用具（地）（事）。當天中午十二點（時），爸爸（人）點燃鞭炮（事），我和賓客（人）品嘗手路菜（事），爸媽（人）逐桌敬酒寒暄（事）。辦桌後（時），媽媽（人）將菜尾分送（事）給親友（人），剩下的留著自家（人）享用。辦桌的歡樂和菜尾的好味道（事），是我（人）難忘的童年味、家鄉味（事）。

內容深究教學──詮釋整合與檢驗評估

「內容深究」的目的在透過課文理解後，讓學生可以擴展知識領域，建立並培養正確的判斷能力與觀念，認識作者取材的方法與範圍，訓練思維的方式，最後藉由欣賞文章，培養美感經驗。（改寫自羅秋昭）

內容深究要探討課文的內容「是什麼」：人物、事件、故事情節、大意，相關論述在「摘課文大意」一文，不再贅述。本文主要探討文章的內容「為什麼」：也就是隱藏在人、事、物背後的思想、精神和觀念。深入研究作者藉由文字所要傳達的的中心思想、觀點、思考邏輯。從課文內容中，透過提問，在問答過程裡，慢慢的引導學生個別思考或擷取訊息、兩兩或分組討論，找出隱藏在人、事、物背後的思想、精神和觀念。

教師提問策略可參考閱讀理解四層次指標後二個層次，第三層次詮釋、整合觀點和訊息：歸納全文訊息或主題。詮釋文中人物可能的特質、行為與做法。比較及對照文章訊息。推測故事中的語氣或氣氛。詮釋文中訊息在真實世界中的應用。第四層次檢驗、評估內容、語言和文章的元素：評估文章所描述事件確實發生的可能性。描述作者如何安排讓人出乎意料的結局。評斷文章的完整性或闡明、澄清文中的訊息。找出作者論述的立場（觀點）。

以我寫的〈五月天的音樂夢〉為文例，內容如下：

五月天的音樂夢

搖滾樂團「五月天」自成軍以來，勇敢追求音樂的夢想，在實現夢想的歷程中，他們不斷的尋求自我突破，創造屬於自己的舞臺。每一次的演出，都為了累積每一次成功的能量，他們希望用音樂喚醒人們心中的熱情，留下永恆的感動，讓世界變得更美好。

十幾年來，五月天對於音樂創作與演出，始終秉持專業與敬業的態度。每個團員都具有彈奏吉他的基本能力，主唱阿信幾乎包辦了所有的詞曲創作，貝斯手瑪莎擅長大提琴、鋼琴、口琴等樂器，鼓手冠佑對電子琴也非常拿手，團長兼吉他手怪獸具備音樂製作的專長；另一位吉他手石頭，更是專精錄音工程。由於他們專業的分工，因而讓每一張專輯，都能引起歌迷的共鳴；讓每一場演唱會，都能滿足歌迷的期待。

熱愛音樂的五月天，即使他們已經是超人氣的偶像團體，卻保有平易近人的風範；不論是拍攝廣告或演出前的彩排，仍然和工作人員一起排隊領取便當。他們和所有人的互動謙虛有禮，就像老朋友一樣，絲毫不見明星的架子。

五月天的團員具有濃厚的革命情感，不爭名不搶利，彼此互信互諒。他們從不在乎知名度的高低，也不像一般的樂團以主唱為要角，每個團員都具備鮮明的特色與風格，也都擁有各自的粉絲。特別是在演出時，他們深刻的友情和完美的分工，充分展現密不可分的默契。

綻放音樂熱情的五月天，他們所創作的詞曲，有輕快的節奏，婉約的旋律，深遠的意境，歌聲更具有無比的穿透力。五月天所唱的每首歌，都能讓歌迷輕易的朗朗上口，也鼓勵歌迷勇敢追求夢想，樂觀看待自己的人生。聽他們的歌，可以讓人輕鬆自在，也可以振奮人心，更可以擁抱無限的希望。

堅持音樂夢想的五月天，除了不斷創造臺灣樂壇空前的紀錄外，也曾經在北京鳥巢體育館，締造兩場二十萬人爆滿的紀錄。在眾多的華人樂團中，他們不但是第一個登上日本音樂節目演唱，而且也是第一個接受英國國家廣播公司專訪的樂團。他們成功的站上國際舞臺，讓全世界再度看見臺灣，也成為另類的「臺灣之光」。

五月天的努力，不但讓自己成為年輕人成功的典範，也讓搖滾樂成為跨世代共同的愛好；五月天的堅持，不僅讓全世界看到他們的成功，更提升了臺灣的國際知名度。

教師以自然段內容為基準，透過提問，進行詮釋整合與檢驗評估層次的內容深究。

搖滾樂團「五月天」自成軍以來，勇敢追求音樂的夢想，在實現夢想的歷程中，他們不斷的尋求自我突破，創造屬於自己的舞臺。每一次的演出，都為了累積每一次成功的能量，他們希望用音樂喚醒人們心中的熱情，留下永恆的感動，讓世界變得更美好。

Q1：五月天追求音樂夢的過程中，當遇到挫折時，你認為團員間相處的氣氛如何呢？（第三層次詮釋、整合觀點和訊息：推測故事中的語氣或氣氛）

A1：我認為應該會感到沮喪與難過等較負面的情緒，不過，他們應該也會互相打氣，互相激勵，現在，才能夠讓所有的歌迷喜歡與肯定。

Q2：五月天實現音樂夢的歷程，具備什麼樣的精神？（第四層次檢驗、評估內容、語言和文章的元素：評斷文章的完整性或闡明、澄清文中的訊息。）

A2：五月天具有不怕苦不怕難，越挫越勇，永不放棄的精神。

十幾年來，五月天對於音樂創作與演出，始終秉持專業與敬業的態度。每個團員都具有彈奏吉他的基本能力，主唱阿信幾乎包辦了所有的詞曲創作，貝斯手瑪莎擅長大提琴、鋼琴、口琴等樂器，鼓手冠佑對電子琴也非常拿手，團長兼吉他手怪獸具備音樂製作的專長；另一位吉他手石頭，更是專精錄音工程。由於他們專業的分工，因而讓每一張專輯，都能引起歌迷的共

鳴；讓每一場演唱會，都能滿足歌迷的期待。

Q3：五月天如何利用自己的專長，進行專業的分工？（第三層次詮釋、整合觀點和訊息：比較及對照文章訊息。）

A3：主唱阿信幾乎包辦了所有的詞曲創作，貝斯手瑪莎擅長大提琴、鋼琴、口琴等樂器，鼓手冠佑對電子琴也非常拿手，團長兼吉他手怪獸具備音樂製作的專長；另一位吉他手石頭，更是專精錄音工程。

Q4：五月天發行每一張專輯，都能引起歌迷的共鳴；讓每一場演唱會，都能滿足歌迷的期待。試著解釋並說出理由？（第三層次詮釋、整合觀點和訊息：詮釋文中訊息在真實世界中的應用。）

A4：五月天被封為樂壇的亞洲天團，他們的專輯銷售量相當可觀，定期舉辦世界巡迴演唱會場場爆滿，並創下樂團演唱會人數的紀錄。

熱愛音樂的五月天，即使他們已經是超人氣的偶像團體，卻保有平易近人的風範；不論是拍攝廣告或演出前的彩排，仍然和工作人員一起排隊領取便當。他們和所有人的互動謙虛有禮，就像老朋友一樣，絲毫不見明星的架

子。

Q5：五月天已是超人氣的偶像團體，為何要安排描述他們平易近人的情節？（第四層次檢驗、評估內容、語言和文章的元素：評斷文章的完整性或闡明、澄清文中的訊息。）

A5：作者要告訴我們成功的人通常會保持謙虛的態度，也要打破明星高不可攀的刻板印象，更要表達五月天珍惜現有的成就，卻也不敢忘記奮鬥歷程的艱辛。

五月天的團員具有濃厚的革命情感，不爭名不搶利，彼此互信互諒。他們從不在乎知名度的高低，也不像一般的樂團以主唱為要角，每個團員都具備鮮明的特色與風格，也都擁有各自的粉絲。特別是在演出時，他們深刻的友情和完美的分工，充分展現密不可分的默契。

Q6：作者說五月天團員不爭名不搶利，彼此互信互諒。似乎和以往的歌唱團體或現實生活的團體相處模式有些許違背，試著說明令人相信或不相信的理由是什麼？（第四層次檢驗、評估內容、語言和文章的元素：評估文章所描述事件確實發生的可能性。）

A6：我相信作者的說法，因為他們合作二十幾年來，迄今還沒有單飛，也持續以五月天樂團名義在各地辦演唱會。我不相信作者的說法，人性總是自私自利，有的團員也去拍偶像劇或MV，特別是提到五月天，首先會想到阿信，光環還是集中在主唱身上。

綻放音樂熱情的五月天，他們所創作的詞曲，有輕快的節奏，婉約的旋律，深遠的意境，歌聲更具有無比的穿透力。五月天所唱的每首歌，都能讓歌迷輕易的朗朗上口，也鼓勵歌迷勇敢追求夢想，樂觀看待自己的人生。聽他們的歌，可以讓人輕鬆自在，也可以振奮人心，更可以擁抱無限的希望。

Q7：你聽過五月天那一首歌後，可以符合作者所說：五月天所唱的每首歌，都能讓歌迷輕易的朗朗上口，也鼓勵歌迷勇敢追求夢想，樂觀看待自己的人生？（第三層次詮釋、整合觀點和訊息：詮釋文中人物可能的特質、行為與做法。）

A7：知足，我喜歡整首歌的歌詞，特別喜歡歌詞裡的其中一段：如果我愛上／你的笑容／要怎麼收藏／要怎麼擁有／如果你快樂／再不是為我／會不會放手／其實才是擁有。

堅持音樂夢想的五月天，除了不斷創造臺灣樂壇空前的紀錄外，也曾經在北京鳥巢體育館，締造兩場二十萬人爆滿的紀錄。在眾多的華人樂團中，他們不但是第一個登上日本音樂節目演唱，而且也是第一個接受英國國家廣播公司專訪的樂團。他們成功的站上國際舞臺，讓全世界再度看見臺灣，也成為另類的「臺灣之光」。

Q8：五月天在北京鳥巢體育館的演場會，締造爆滿的紀錄，也登上日本和英國的傳播媒體，為什麼可以成為另類的「臺灣之光」？（第四層次檢驗、評估內容、語言和文章的元素：評斷文章的完整性或闡明、澄清文中的訊息。）

A8：五月天除了創紀錄外，特別是創臺灣人及華人樂團的紀錄。在接受日本及英國媒體訪問時，記者一定會慎重介紹來自「臺灣」的五月天樂團，相信「臺灣」也會不斷被提起，透過媒體傳播，讓世界看見臺灣。

五月天的努力，不但讓自己成為年輕人成功的典範，也讓搖滾樂成為跨世代共同的愛好；五月天的堅持，不僅讓全世界看到他們的成功，更提升了臺灣的國際知名度。

Q9：作者安排的文章結尾，有沒有合乎題目的主旨？請說出理由。

（第四層次檢驗、評估內容、語言和文章的元素：找出作者論述的立場或觀點。）

A9：有，課文題目「五月天的音樂夢」，就是要描述五月天追求並實現音樂夢的歷程。如今，他們在流行樂壇舉足輕重，老少歌迷年齡層都有，也影響歌迷的人生觀。特別是他們的世界巡迴演唱會，登上各國媒體，向世界介紹臺灣的民情與文化，提升臺灣的國際知名度。

〈辦桌〉內容深究

學生舊經驗應該已完成形式深究等相關學習目標。教師透過閱讀理解四層次指標，提出問題，引導學生個別或分組或全班共同學習。

辦桌（康軒三上國語第四課）

現在的人請客，喜歡帶著親友到飯店用餐；以前的人家裡有喜事，常會「辦桌」宴請親朋好友。

記得我讀小學三年級時，家裡的新房子蓋好後，也要請客了，這是我盼望好久的一件大事。

辦桌前一天，工人來搭棚架，爸爸也忙著掛紅彩，家裡變得好熱鬧。當天早上，廚師和他的助手載來滿車的食材和用具，他們分工合作把各種用具就定位：有的人排桌子，有的人洗菜，有的人切菜……全都為了迎接中午的盛宴。我們小孩子也好奇的跟前跟後，看得目不轉睛。

十二點一到，爸爸在大門口點上一串鞭炮，響亮的聲音告訴大家：宴會開始了。「手路菜」一道一道的上桌，令人一吃就忘不了。那時，大家平常都吃得很簡單，很少有機會吃到這些食物，只有在「辦桌」時，我才可以吃到這麼多美食，把肚子吃得圓鼓鼓的！

爸爸和媽媽一桌一桌的向客人打招呼、問好，臉上堆滿笑容，笑容像陽光一樣明亮。庭院中飄著一陣陣的香味，歡笑聲此起彼落，氣氛遠比過年還熱鬧。

等宴會收場，有一些「菜尾」，媽媽會分送給親朋好友。往後兩三天，全家三餐就吃這些「菜尾」，直到全部吃完。

當年「辦桌」時的歡樂氛圍，「菜尾」的好味道，是我到現在還難以忘懷的童年味、家鄉味……。

以我的課文〈辦桌〉為例進行內容深究，分別提出直接提取訊息指標一題，直接推論指標二題，詮釋理解指標二題，檢驗評估指標一題，可以兩兩或分組討論等模式完成教學目標。

一、直接提取（與特定目標有關的訊息）：

Q：作者提到廚師和助手「分工合作」，找一找文中相關敘述的句子有那些？

A：當天早上，廚師和他的助手載來滿車的食材和用具，他們分工合作把各種用具就定位：有的人排桌子，有的人洗菜，有的人切菜……

二、直接推論（推論出某事件所導致的另一事件）：

Q：作者提到以前的人，家中有喜事時會辦桌請客。你知道有哪些喜事會辦桌請客嗎？

A：每當家裡有人訂婚、結婚、生日、彌月、金榜題名、紀念日、回娘家、除夕團圓飯等，都可以辦桌請客。

三、直接推論（在一串的論點或一段文字後，歸納出重點）：

Q：為什麼作者說把肚子吃得圓鼓鼓的？

A：廚師料理的「手路菜」一道一道的上桌，令人一吃就忘不了。那時，因為經濟條件較差，大家平常都吃得很簡單，很少有機會吃到這些美食，只有在「辦桌」時，作者才可以吃到這麼多美食，把肚子吃得圓鼓鼓的！

四、詮釋、整合觀點和訊息（歸納全文訊息或主題）：

Q：作者為何說辦桌是一件大事呢？從課文中找出理由來說明。

A：作者讀小學三年級時，家裡的新房子蓋好了，要辦桌宴客。以當時的家庭經濟並不優渥的條件，要蓋一間新房子，必須花費家裡的積蓄，甚至必須四處向親友借錢，才得以順利蓋好新房子，因此，有機會可以辦桌，真的是一件大事。

五、詮釋、整合觀點和訊息（比較及對照文章訊息）：

Q：你覺得這場辦桌，對主人和賓客來說，各有什麼感受？請從文中找出句子來支持你的看法。

A：爸爸和媽媽一桌一桌的向客人打招呼、問好，臉上堆滿笑容，笑容像陽光一樣明亮。庭院中飄著一陣陣的香味，歡笑聲此起彼落，氣氛遠比過年還熱鬧。

六、檢驗、評估內容、語言和文章的元素（評斷文章的完整性或闡明、澄清文中的訊息）：

Q：作者長大後，為什麼對辦桌和菜尾難以忘懷？

A：作者國中畢業後，北上求學及就業，遇到家裡再次辦桌的機會少之又少，就算參加親友的辦桌宴客，也無法找回當年新房子蓋好後那種興奮的心情，更無法再品嘗當年拿手菜和菜尾的好味道。作者也懷念小時候無憂無慮的生活，懷念隨時在父母親身邊被呵護的愛，懷念鄰居和親友的熱情，當年辦桌的賓客，如今仍好好活著又有幾人呢？相信作者更有著景物依舊人事已非的惆悵感。

《魔神仔》～〈誰來當大王〉閱讀理解四層次提問

釋例

可用於閱讀理解或內容深究教學模式，教師手冊的問題尚未完整呈現，可以此篇提問範例，試著找國語課文四層次提問的好問題。

〈誰來當大王〉故事全文二〇一二年十一月十六日至十七日《國語日報》連載。

這座森林住著許多許多的動物，每一種動物都有一定的活動範圍，各取所需，彼此尊重，井水不犯河水。

有一年的颱風夜，風強雨大，有些松鼠被吹落到地面上來，松鼠群的首領名叫王大，趕忙從樹上跳下來，關心每隻被風吹掉的松鼠，王大看著同伴受傷的情形，有的前腳斷了，有的鼻子撞歪了，有的僅是皮肉傷，王大表達關心之後，就默默地離開了。

松鼠族群住在森林裡的範圍，他們自稱為松鼠國，這兒食物充足，氣候溫和，祖先從另一座森林遷徙到這兒來好久了，世代在這裡延綿，一直以來相安無事，直到果鷹搬到這兒住以後，一切都改變了。

果鷹飛行速度相當快，喜歡吃水果和各類植物的果實，來無影去無蹤，卻懶得築巢。第一隻果鷹到松鼠國的時候，王大還熱情的歡迎遠地來的客人，善盡地主之誼。過沒多久，果鷹數量逐漸增加了，王大開始接獲同伴的投訴：「大王，那些大隻鳥太會吃了，而且很浪費，有些水果還沒成熟就被吃了，咬了一口發現不甜，就馬上丟了，你看，滿地都是腐爛的水果。」，「對啊…」，「很浪費啦」，「他們來了後，我們都吃不飽了」，「把他們趕出去啦」松鼠群你一言我一語的，抱怨果鷹的種種惡行。

這時候，族裡長老請大家安靜，緩緩的說：「這些大鳥，不但搶了我們的食物，還故意破壞我們的家，甚至還趕走我們的同胞，佔據我們的家，如果繼續這樣，總有一天，我們不但沒得吃，也沒得住，最後就要流浪到別的地方了。」

「那怎麼辦？」一隻松鼠問。

「團結起來趕走他們！」大家異口同聲的說。

「不行不行，他們會飛，嘴巴又很尖銳，爪子又很有力，上次有隻大鳥搶我的食物，我不給，你看我的腳都被大鳥咬斷了，我們根本就打不贏他們，投降吧！」有一隻柱著拐杖的松鼠說。

大家又七嘴八舌的討論起來了，只見王大眉頭深鎖，躲在角落不發一語，看著族裡同伴受苦，飽受果鷹欺壓，又無力反擊，他不斷的以兩手輕刷兩頰，減輕緊張不安的情緒。族群大老們見王大苦思許久，提不出良策，心也急了，他們對王大說：「大王，你決定了嗎？到底要怎麼做啊，你也給大家一個方向啊。」王大繼續不斷的刷刷兩頰，沉默不語。

松鼠們維持了一段時間的沉靜，突然起了一陣怪風，從樹上掉下了一顆如葡萄般的松果，立刻引起一陣騷動，原本井然有序的隊伍，開始爭搶那一顆小小的松果，有些原本就受傷的松鼠，禁不起同伴爭搶時的踩踏，哀嚎聲此起彼落，也不知道幸運兒是誰？只見大家雙頰凹陷，不停的咀嚼想像中的松果，到底誰吃掉了，沒有人願意承認，也沒有人知道。

混亂的嘈雜聲中，突然傳來一聲喝斥：「不要吵！」王大開口大叫。周圍又陷入一片寧靜，偶有風吹樹枝颼颼的聲音，王大一躍而上，站在樹上向大家說：「同胞們，忍一忍吧，我們打不過果鷹的。如果真要打，我們就會滅亡的。」

「對啊⋯」鼓譟的聲音又起。

「那怎麼辦？我們怎麼活下去呢？」其中一個長老說話了。

「好吧，我去找果鷹的大王談判。請果鷹留一些食物給我們。三天後，請大家在這裡集合，我再向大家說明。」王大大聲的說，說完後，一溜煙的消失在樹枝上。

眼見王大一走，松鼠們悻悻然的散去，受傷的松鼠拖著沉重的腳步，緩緩的離開。

隔天中午，王大求見果鷹的首領，首領一見王大，啪的一聲從高處飛下，一腳踩住王大，王大被踩得喘不過氣來，拼命的用那又短又小的雙手，不停的推那隻大爪，試著要撐開果鷹尖銳的爪子，卻怎麼也動彈不得。「哈……」果鷹首領驕傲的大笑，「就憑你？鼠輩！」一腳踢開了王大，王大滾了好幾圈才起身，拍拍身上的灰塵說：「要什麼條件，你們才願意離開？」，「哈……」首領和果鷹們笑得更戲謔了。整群的果鷹全飛了下來，團團圍住王大，王大只感到眼前一片昏暗，不見強烈的陽光，首領故意踩住王大的尾巴，直立捲起的尾巴是松鼠至高無上的象徵，尾巴被果鷹狠狠的踩在腳下，王大這時也發火了，一轉身，想突襲果鷹首領的腳，首領被王大突來的動作，本能的滑步，沒想到腳一滑，把王大的尾巴扯斷了一大截，王大痛得在地上打滾，不斷的哀號，還順帶的求饒。「哈……」首領和果鷹們笑得更驕傲了。

「鼠輩，該走的是你們，不是我們！哈……」首領笑得合不上嘴。

三天後，松鼠們再次集合在一起，王大的尾巴包著紗布，拖著白色紗布的尾巴走進集合場，像極了穿著白紗禮服的新娘，緩緩的移動腳步。他躍不上樹枝，只好請大家以他為圓心圍成一圈，他向大家說：「同胞們，我們投降吧，果鷹太強了，我們打不過他，我帶大家離開吧！跟我走吧！」這個小圈圈的空氣頓時凝結成烏雲，每隻松鼠臉上盡是沮喪，啜泣聲從圓周邊穿了出來，王大尾巴上的白紗布，像是被丟棄在地上投降的白旗子。

「你要帶我們去哪裡？」說話的是王大的鄰居王二。

「對啊！對啊！要走去哪裏？」眾松鼠又開始鼓譟了。

「決一死戰！」王二的語氣鏗鏘而有力。

「滅族啊！滅…族…啊。」長老邊哭著邊吐出這三個字來。

王大在圓心處依舊不斷的刷著兩頰，眾鼠們開始議論紛紛，經過一段時間的討論後，贊成投降的還是佔多數，跟著王大離開這片森林了，少數不願離開的跟著王二留在森林裡。

果鷹有夜盲症，王二摸清了這點，改變了松鼠的作息，他要求同胞們晝伏夜出，利用晚上出來覓食，錯開果鷹覓食的時間，勉強的活了一段日子。果鷹的首領知道還有一群松鼠還趕不走，開始利用白天攻擊王二及他的同伴，王二的松鼠國潰不成軍，犧牲了許多同伴。王二決定帶著同伴找個地洞躲起來，避開果鷹的攻擊，也和同伴商量還擊果鷹的對策。

「我們還要拼命嗎？我的爸媽，小弟全都犧牲了，我們還要拚嗎？」有一隻渾身是傷的松鼠哭訴著。

此時，大家都沉默了下來，接著啜泣聲此起彼落。

王二苦思對策，低頭不語，他緩緩的走出洞口，看著天空烏雲密布，突然間閃光乍現，雷聲轟隆，樹林間窸窣吵雜，果鷹全飛出來了，因為受了驚嚇，有些果鷹撞在一起掉落地面，他走了好長一段路，偷偷的靠近一看，有些已奄奄一息，這時，他的心裡有譜了。

隔天，他找了同伴來，告訴他們利用三天的時間蒐集松果殼，他不說明原因，只要大家照他的話去做。他要大家把蒐集來的松果殼全放在果鷹聚集樹林處的空地上，等待時機，一舉趕走果鷹。這天夜裡，烏雲把整座樹林壓得更低了，王二要大家把松果殼分散成無數個小堆，眼見夜空中的閃光乍現，王二下令把每個小堆的松果殼點火燃燒，點完火後，盡快回到地洞裡來，他則躲在附近觀看後續情形。

夜空閃閃，雷聲大作，加上地面松果殼大火竄燒，松果殼經火燒後，發出霹靂啵啵的聲響，像極了鞭炮聲，松果殼毫無目標的到處亂彈，滿天都是沖天炮般。果鷹群被突如其來的景象嚇到了，一慌張，每隻果鷹從睡夢中驚慌失措的展翅亂飛，有些相撞在一起，有些翅膀著火，有些撞樹，全都跌落地面，王二暗自竊喜，松鼠國有救了。

天一亮，躲在地洞裡的松鼠全迫不及待的跑出洞外，觀察昨晚的戰果，王二驕傲的輕刷兩頰，尾巴直挺挺的捲起來，似乎告訴松鼠國的同胞們：我們勝利了。

一、「直接提取」：

（一）與特定目標有關的訊息

有一年的颱風夜，風強雨大，有些松鼠被吹落到地面上來，松鼠受傷的情形如何？

（二）找出特定想法、觀點

當松鼠國遭遇果鷹攻擊，首領王大認為要怎麼解決呢？

（三）搜尋字詞或句子的定義
果鷹首領驕傲的大笑，「就憑你？鼠輩！」，鼠輩指的是誰呢？
（四）指出故事的場景（例如時間、地點）
松鼠國指的是森林中的何處？
（五）找出文章中明確陳述的主題句或主要觀點
王二要求同胞們晝伏夜出，利用晚上出來覓食，錯開果鷹覓食的時間，為什麼？

二、「直接推論」：
（一）推論出某事件所導致的另一事件
果鷹把王大的尾巴扯斷了一大截，對松鼠國後來的發展有什麼影響？
（二）在一串的論點或一段文字後，歸納出重點
讀完這篇文章，請問果鷹有何特性？
（三）找出代名詞與主詞的關係
王二帶領松鼠群等待時機，準備一舉趕走果鷹，「時機」指的是什麼？

（四）描述人物間的關係

王大決定投降後，對王二造成什麼影響？

解釋理解歷程：

三、「詮釋、整合觀點和訊息」，包括：

（一）歸納全文訊息或主題

王二如何帶領松鼠群對抗果鷹？

（二）詮釋文中人物可能的特質、行為與做法

王大除了懦弱外，還是一隻怎樣的松鼠？請從他說的話、做的事各找一個例子來支持你的看法？

（三）比較及對照文章訊息

王二如何利用「觀察」和「行動」趕走果鷹？

（四）推測故事中的語氣或氣氛

當王大決定投降後，為何每隻松鼠的臉上盡是沮喪？

（五）詮釋文中訊息在真實世界中的應用

王二帶領松鼠群擊退果鷹的過程，試著解釋這個過程令人難以相信的地方？請寫出一個理由。

四、「檢驗、評估內容、語言和文章的元素」：

（一）評估文章所描述事件確實發生的可能性

作者沒有告訴我們：果鷹是不是被趕走了，請找出一個證據來證明果鷹可能被趕走了或者可能暫時離開而已？

（二）描述作者如何安排讓人出乎意料的結局

作者一開始說王大是松鼠國首領，為何又將題目定為誰來當大王？

（三）評斷文章的完整性或闡明、澄清文中的訊息

作者一開始說生活在森林裡的動物井水不犯河水，果鷹強勢占領後，又遭王二帶領松鼠群還擊，為何這樣安排故事情節？

（四）找出作者論述的立場（觀點）

作者安排的故事結局，有沒有合乎題目的主旨？請說出一個理由。

形式深究

修辭

生活中的對話，我們有機會使用簡單的修辭。在一篇文章中，適當的書寫修辭的詞句，可以提昇文學的美感，增加閱讀樂趣與想像空間。寫文章時，要掌握文章想表達的主旨，而不是大量使用修辭手法的詞句，就能成就一篇佳作。運用適切的修辭，就像為文章化上淡妝，顯得清新有朝氣。刻意運用過多的修辭手法，如同濃妝豔抹，令人覺得矯揉造作。

「畢業」主題中敘述畢業前的校園景象，以下試舉二段短文，比較運用適切與過多修辭的差異。

「初夏，離別的日子越來越近了。一簇簇鮮紅如火的花朵在風中搖曳，我終於明白鳳凰花開代表即將離別的道理。這幾天，我走遍校園的每個角落，角落裡藏著一篇篇童年的故事。」

「熾熱的太陽帶著狂野奔放的熱情，隱身在樹上的蟬，唧唧聲此起彼落，劃破寧靜的空氣。夏天如菜市場攤販的叫賣聲喧鬧，吸引消費者的目光。阿勃勒換上風鈴般的黃色衣裳，在枝頭上隨風搖擺，一不小心就會隨風飄落；鳳凰花悄悄的染紅校園的角落，一簇簇鮮紅如火的花朵在風中搖曳。我望著一朵朵的花瓣雨，充滿回憶的寶盒悄悄的開啟，一幕幕熟悉的畫面在腦海中慢慢播放……」

國小各版本的國語教科書課文，從一年級開始，便可以輕易閱讀到常用的擬人、譬喻修辭。但不需要強調修辭的專有名詞，只要讓學生知道修辭運用就可以。「大泡泡，小泡泡，一個一個往上跑。」、「玩泥巴，玩泥巴，爸爸陪我玩泥巴。我用泥巴做了一個家，有泥爸爸，有泥媽媽，陪著小小泥娃娃。開開心心在一起，好像我的家。」（翰林版一上）「大泡泡，小泡泡，都在空中笑哇笑。」、「天空，是星星的家。小河，是小魚的家。大樹，是小鳥的家。美麗的地球，是我們的家。」（康軒版一上）

目前，小學國語教科書課文中，增加許多名作家選文，也許作家選文內容，不完全設定閱讀對象是國小學生，但是經過出版社改寫後，大都符合小學生閱讀的程度。修辭運用的種類，也因作家選文而顯得多元，從一年級到六年級，不僅常用的擬人和譬喻修辭，更有機會讀到排比、類疊等修辭手法。

擬人

首先，介紹國語課本最常用的擬人法。所謂擬人就是作者利用敘述或描寫的表述方式，把所有無生命的東西，或是有生命的動、植物、昆蟲、魚類……當作是人一樣具思考能力、情緒反應、人情味……及人類社會才可能有的風俗習慣。以下舉出各版本國語課本，運用擬人修辭的句子。

「樹木脫下了單調的、濃綠的夏服，換上了紅的、黃的各種顏色的秋裝，把大地裝扮得多采多姿，更加美麗。」（國編五上第一課美麗的秋天）

「夕陽披上一件金紗，醉臥在橙紅色的山谷裡。」（南一六上第九課我愛藍影子）

「這棵樹常常回想從前，在她還是枝葉茂密、果實纍纍的大樹時，小男孩銀鈴般的笑聲，在整個樹林迴盪。」（康軒四下第十四課愛心樹）

「小露珠爬著、滾著、笑著。漸漸的，太陽公公散發的熱量越來越大，小露珠的身子也越來越輕了。」（翰林三上第十課小露珠）

譬喻

所謂譬喻法，就是以一般人極熟悉的事物，來說明作者心中所想要表達給讀者相對陌生的事物。一般來說，用具體的事物來說明抽象、虛擬的事物，而讓讀者可以一眼看出並體會作者的意思。譬喻可分成明喻、隱喻及借喻，明喻的基本句型是：「甲（喻體）像（喻詞）乙（喻依）」，凡是喻體、喻詞、喻依三者齊備的譬喻法，就稱作「明喻」。

「水（喻體）就是這樣厲害，就像（喻詞）一把鋒利的刀子（喻依），

雕刻著山岳。」（國編五下第三課知識的寶庫）

「近看，大大小小的羊（喻體）像（喻詞）一堆堆棉花（喻依）；遠看，白白的羊（喻體）和綠綠的草地（喻體）像（喻詞）一幅風景畫（喻依），真是有趣！」（南一二上第六課去農場玩）

「每個圖案都運用濃厚的色彩串連，交織成絢麗的環狀（喻體），如同（喻詞）愛河夕照輕緩的水波流動（喻依），讓人覺得雄偉壯麗。」（康軒三下閱讀開門—彩色的天幕）

「飛機掠過南海，進入臺灣海峽，一瞬間，就見青翠田疇；寶島風光，一草一木（喻體）都似（喻詞）笑臉相迎（喻依）。」（翰林六上第三課我乘雲朵歸來）

隱喻的基本句型是：「甲（喻體）是（喻詞）乙（喻依）」，隱喻的喻詞改用「是」來取代明喻的喻詞「像」、「似」、「如同」、「彷彿」……除了「是」以外，也可用「變成」、「成為」等。也就是說明喻的形式是「甲如同乙」，而隱喻的形式，卻是「甲就是乙」。明喻的喻體與喻依，兩者是互相類似的關係，也就是兩者有共同的特徵。而隱喻的喻體與喻依，兩者卻是互相結合在一起，非常自然的融合為一體，不分彼此。喻依的屬性，可以完全移轉到喻體上，而且喻體的重點，完全是在喻依的意象上面，因此，喻體要比明喻來的生動深刻。

「到野外去吧！大自然是個知識的寶庫。」（國編五下第三課知識的寶庫）

「多年來，臺灣欒樹一直是個浪漫的藝術家，展現四季不同的風采。」（南一四上第一課窗口邊的臺灣欒樹）

「各式米食在生活中處處可見，成為臺灣特有的飲食文化。」（康軒四下第四課米食飄香）

「但我不能放歌，悄悄是別離的笙蕭；夏蟲也為我沉默，沉默是今晚的康橋！」（翰林六上第四課再別康橋）

借喻的形式是：「甲（喻體）被乙（喻依）所取代。」喻體、喻詞完全被省略，只剩下喻依。只寫出譬喻的事物，作正文的代表。借喻法的特性，不像明喻、隱喻，直接或間接寫出喻體，只寫出喻依。同樣的，喻體是抽象不易想像的，不常見到的事物，喻依則是具體，可以想像而且是常見到的事物。

「一分耕耘，一分收獲。」喻體是付出心力的那件事，喻體被省略了，只寫出喻依。

「手心是肉，手背也是肉。」這句話比喻有兩件事，很難取捨孰輕孰重？也比喻有兩個人在自己心裡有平等的地位，很難區分孰親孰疏？

閩南語俗諺：「飼老鼠咬布袋。」這句話比喻自家人扯自家人後腿，喻體是人，省略喻體，只寫出喻依老鼠。

閩南語俗諺：「龜笑鱉無尾，鱉笑龜腳短。」這句話本指「五十步笑百步」，喻體是人，但被省略，只寫出喻依：龜和鱉。

擬物

擬物修辭又可分為：以人擬物，以物擬物。所謂以人擬物就是將一個完整的人，或人身上某一個器官，用一個相當明顯易見的物體來代替說明，並且透過想像說得更有趣、更具體。

「在她的眼神裡，我們一定是一對友愛的孔雀，在亮麗的陽光裡，大家都努力開屏，卻不是彼此對啄羽毛呢！」（南一五上第五課孔雀錯了）

「在康河的柔波裡，我甘心做一條水草！」（翰林六上第四課再別康橋）

所謂以物擬物，就是兩個物體之間，由甲聯想到乙，並不需要根據兩物的外形，有時兩物之間，並沒有必然的關係。有時只是把所想要表達的物體，超越時空、超越現實，以另一個物體描述說明。

「黃色的花朵，從綠絨中伸出來，像是許多小喇叭，不知它要演奏什麼？」（國編六下第五課瓜棚下）

「那堆在天上的灰白色的雲片，就像屋頂上剝落的白粉。」（南一五上閱讀列車：秋雨）

「天冷時，牠們就用毛茸茸的尾巴，把自己裹起來，像一條溫暖的大圍巾。」（康軒五下第八課動物的尾巴）

「臨海處有一座長長的拱橋，如彩虹般橫越在海面上。」（翰林四上第十一課澎湖，我來了）

設問

所謂設問法也稱問答法或自問自答法。針對題目的主旨，提出特殊、有趣、令人印象深刻的問題，使所要表達的的主題清晰易見。有時，提出問題，必須有明確的答案；有時，提出問題，答案就在問題的反面；有時，提出問題，答案則留給讀者去尋找。

設問法的形式，可以分為單獨設問、連續設問、不連續設問。單獨設問就是只提出一個問題，日常生活中也常出現這樣的提問。

「你的祖父怎麼不來？」（國編五上第九課公雞生蛋）

「這聲音聽起來像什麼？」（南一二上第九課一起來寫詩）

「生活，不就是需要偶爾放輕鬆嗎？」（南一六上第二課心情隨筆）

「為什麼三年級有這麼多全天課？」（康軒三上第二課長大這件事）

「但是，真的有傳說中的海底城堡嗎？」（康軒六上第七課神秘的海底古城）

「此情此景，不正是展現法國文化中，執著於美味的那一面？」（翰林六上第二課遊走在世界的市場裡）

「大海的旋律還在進行著，你聽到了嗎？」（翰林四上第三課大海的旋律）

連續設問就是連續提出兩個問題，也表達作者急切的文意。

「究竟是什麼樣的魅力，讓各國將奪下奧運獎牌視為最高榮耀呢？這場

全球矚目的運動賽事又有什麼引人之處呢？」（南一六上閱讀列車：傳遞和平的聖火）

「你傷得重不重？要不要換候補選手上場？」（康軒六上第二課跑道）

「春天是誰？他是坐車來的，還是走路來的？」（康軒一下第二課春天來了）

不連續設問，就是先提一個問題後，再做簡明扼要、相關的敘述後，再提另一個問題。

「世界上真的有鬼嗎？我怎麼從沒遇過！如果沒有鬼，為什麼大家都那麼怕鬼呢？」

「可是，這是一場公平公開的比賽，比賽不就是為了要求得勝利，追求第一個抵達終點嗎？搞錯的人是他，不是我，知道正確終點位置的我，不就應該是比賽的獲勝者嗎？」（南一六上第十四課贏得喝采的輸家）

「回來之後，朋友問我，你去了多久？我說，三個月零十天。朋友說：唉，那不就是一百天嗎？可不是？整整的一百天！」（翰林六上第三課我乘

雲朵歸來）

類疊

所謂類疊法是指同一個字、詞、句，接二連三反覆使用，反覆使用字詞句往往比單次出現，更容易打動聽者、讀者的心靈，也能營造視覺和聽覺上的節奏感與美感。

同一字詞緊緊相連在一起，而形成一組組重複的字詞，便是「疊字詞」。句子一再重疊出現，便是「疊句」。至於字詞間隔出現，稱為「類字詞」，句子間隔出現，便稱為「類句」。

疊字例：

「寒風呼呼的吹，冷與颼颼的下。」（國編五上第十八課歲暮）

「青蛙咚咚咚的跳走了！」（南一三上閱讀列車：擁抱）

「大樹下，扮家家，大家玩得笑哈哈。」（康軒一下第十三課扮家家）

「看螢火蟲怎樣閃閃發光。」（翰林三上第一課如果我當了爸爸）

疊詞例：

「兩岸都是連綿不斷的高山，把長江夾在中間，像一條彎彎曲曲的巷子。」（國編五下第十六課早發白帝城）

「高高低低的大樹，是美麗的音符。」（南一二上第七課大地的音符）

「等到第二年春天，花園裡還是冷冷清清。」（康軒三下第十三課巨人的花園）

「千千萬萬匹深藍戰馬／飄著白色鬃毛／蹄花奔騰／煙塵飛揚」（翰林四上第一課藍色的海洋大軍）

疊句例：

「再大再冷的風雨，他也不怕。再大再冷的風雨，他也不怕。」（國編五上第十八課歲暮）

「爸爸！原諒我！原諒我！」（南一六上第十課少年筆耕）

「放了他吧！放了他吧！不要害我變成一個不懂仁義的國君。」（康軒五上第三課智救養馬人）

除了疊字、疊詞、疊句外，還有段落的重疊。在一首童詩或新詩或文章中，每一段落的開頭，所使用的句子完全相同，便是段落的重疊。作者運用段落重疊，要讓讀者知道詩或文章所想要表達的重點或主旨。

「打開相本，歡笑聲從照片裡跑出來。去賞螢、看花燈，家人在一起快樂無比。打開相本，加油聲從照片裡跑出來。園遊會、運動會，同學再一起互相鼓勵。」（南一二上第十四課打開相本）

「臺灣的孩子／在淡水河邊歌唱……臺灣的孩子／在濁水溪旁歌唱……臺灣的孩子／在高屏溪上歌唱……」（康軒四下第十一課臺灣的孩子）

「請到我的家鄉來，我的家鄉是又名千佛之國的泰國……請到我的家鄉來，我的家鄉是五千年古國埃及……請到我的家鄉來，我的家鄉是地勢低窪的荷蘭……請到我的家鄉來，我的家鄉是音樂國度奧地利……」（康軒四下第七課請到我的家鄉來）

「靜靜的淡水河，從廣大的田野流過……靜靜的淡水河，從都市的邊緣流過……靜靜的淡水河，在茫茫的暮色裡流過……靜靜的淡水河，在點點星光下流過……」

（翰林五上第八課靜靜的淡水河）

類字、類詞、類句，有別於疊字、疊詞、疊句，不需要重複出現，只要間隔出現便可。

類字例：

「忽聚忽散，若隱若現，真是變幻無常。」（國編五下第二課春回大地）

「每個戲偶，都是他一刀一筆刻畫出來的，戲偶身上穿的衣服，也都是他一針一線親手縫製的。」（南一三上第四課伯公的戲偶）

「這裡的秋風和陽光，會把柿子一個一個風乾，變成又香又甜的柿餅。」（康軒二上第十二課小鎮的柿餅節）

「小露珠滾啊滾的，越來越大，越來越亮。」（翰林三上第十課小露

珠）

類詞例：

「西風帶來微微的涼意，也帶來秋天的消息。」（國編五上第一課美麗的秋天）

「小鳥搧著潮濕的風，飛過長長的河岸，飛過水塘，飛過綠色的稻田，飛過草灘，飛到村後的樹林裡去了。」（南一三下第九課珍珠雨）

「媽媽一邊熬煮，一邊調味，她會用小湯匙舀出一勺，讓我嘗嘗味道。」（康軒六上第十二課最好的味覺禮物）

「那天晚上，我獨自走夜路，我戰勝了黑暗，也戰勝了內心的恐懼。」（翰林四上閱讀樂園一：走過就知道）

類句例：

「一個小點，讓我想起，家裡的灰塵沒清乾淨。一個小點，讓我想起，我吃的西瓜有好多子……」（林丹楓：從一點想起）

「如果發揮創意，我們可以讓生活更便利；如果發揮創意，我們可以解

決生活問題；如果發揮創意，我們可以讓生活更美好。」（南一三下閱讀列車：創意大師）

排比

所謂排比法就是二個或二個以上句型相等，而句意不相等的句子，連續排列在一起，來強調同一個範圍的事物或景像，構成一小組的排句，藉以讓句子結構嚴謹，條理井然，使事物意象充分表達，並且強化語氣。排比句的字數，不一定相等，句意也不必兩兩相對。排比句的內容包含：議論、說理、敘事、寫景、寫人、詠物。可以由二個、三個……句子組成，形成一組組的排比句。

「紫玉似的葡萄，懸掛在藤架上；金黃色的稻穗，披垂在田野上。」

（國編五上第一課美麗的秋天）

「從這首詞裡，可以看到秀麗的青山，清澄的江水，一片片落紅，一隻隻白鷺；一位詩人坐在船上，戴著青色的斗笠，披著綠色的蓑衣，手裡拿著釣竿，讓微微的斜風吹送著船兒，在濛濛的細雨中，自由自在的移動。這樣優美的畫面，色彩是多麼調和，形象是多麼生動！」（國編五下第十七課欣賞大自然）

「黑夜來了，又走了；太陽升起，又落下。」（南一三下閱讀列車：稻草人）

「有的溪谷，林木濃密，溪水平緩；有的溪谷，切開兩邊山壁，急流而下。」（康軒五上第六課溪谷間的野鳥）

「慢慢的，一彎發光的圓弧露出山頭，慢慢的，圓弧越露越多，慢慢的，圓弧成了一個完整的圓形。」（翰林六上第一課旅客留言簿）

修辭法不勝枚舉，在國小階段，可以認識、揣摩、欣賞、學習修辭，但不要過分強調，特別不宜以修辭法各式專有名詞框限學生的寫作內容，減損學生的想像力。我僅介紹以上幾種修辭，其他如誇張、頂真、回文、示現等，留待教學現場的老師自行運用。我所介紹的修辭法中，特別也舉國語教科書的例句，其中，國編本是我擔任老師時，國立編譯館編寫的教科書，年代稍嫌久遠。國編版的課文，設定的讀者是小學生，也能搭配學生舊經驗，卻一點都不失文學價值。

現今，各版本國語教科書課文大多加入名家選文，當初，名家寫這篇文章時，不一定是以小學生為對象。因此，當教科書決定名家選文時，出版社會再度改寫名家的文章，但偶遇名家不同意修改時，出版社只能放棄選文。若為了名家名氣，勉強接受名家選文，可能就讓學生讀課文時，無法以自身的舊經驗，好好的讀懂讀透名家選文。教師應有專業可以轉化課文內容，延伸或補充課文相關的課外讀物，試著讓課文更貼近生活，更具文學美。

文章的表述方式

現階段還在教學現場的老師，求學過程依舊習慣分辨課文文體：記敘（敘述）文、議論文、說明文、應用文、抒情文等。過去，我們常為了分辨文體，而忽略一篇文章中的句子或段落，具有不同的表述方式。表述方式分別是：敘述、描寫、議論、說明、抒情。過往，除應用文和劇本外，都是看文章內容屬於哪一類的文體表述成份居多，作為文體的定義標準。所謂敘述文，可能包括敘述或描寫或抒情或說明等表述方式，所謂議論文，可能也包括許多說明的表述方式，甚至也會帶有敘述或描寫的表述方式。所謂說明文，當然也有可能帶有議論或其他的表述方式。所謂應用文，在國小階段的課文，大多是日記、便條、書信或公告，但是將日期、稱謂及署名拿掉後，就是敘述文了。劇本的課文，只要拿掉角色，也是敘述文，但是在不同角色對白內容中，就可能會有各種不同的表述方式。

敘述和描寫的表述方式

在一篇文章中，敘述和描寫表述方式的對象都是人、事、物、景，這兩種表述方式會寫出靜態的性質、狀態和功能，也會寫出動態的動作、經歷、變化或經過。

敘述就是概括而簡單的把人物的生活經歷或事物的發展變化寫出來的表達方式。描寫就是把人物或事物的情態、面貌，具體的描繪出來，使形象更突出更生動。描寫常會善用譬喻想像、擬人轉化等寫出作者的主觀感受，目的是要讓讀者可以和作者產生共鳴的效果。請參閱下列各段範文：

十幾年來，五月天對於音樂創作與演出，始終秉持專業與敬業的態度。（敘述人）每個團員都具有彈奏吉他的基本能力，主唱阿信幾乎包辦了所有的詞曲創作，（敘述人）每當他上臺演唱時，總帶著靦腆的笑容，他的笑容如同寂靜的湖面上泛起一波波的漣漪，感染臺下的歌迷，尖叫聲此起彼落，簡直快撐開演場會現場的屋頂。（描寫人）貝斯手瑪莎擅長大提琴、鋼琴、口琴等樂器，鼓手冠佑對電子琴也非常拿手，團長兼吉他手怪獸具備音樂製作的專長；另一位吉他手石頭，更是專精錄音工程。（敘述人）

每年的插秧期，是媽媽最忙碌的時候了。過去，插秧的工作，必須依賴人工完成。媽媽的工作是「鏟秧」。（敘述事）鏟秧就是把秧苗從育苗園裡，用鏟刀將附著於泥土表面的秧苗鏟起來，就像吃布丁的動作。鏟下的秧苗，整齊交錯的放在竹簍裡，（描寫事）交給負責插秧的農夫，當媽媽鏟秧時，我喜歡跟在她後面，戲捉躲在秧苗叢中的青蛙、蚱蜢，有時甚至還可以發現小蛇，既刺激又好玩。（敘述事）

黃鶯邀約燕子到和煦的南方來度假。遠遠的山際，杜鵑花經過山雨的洗濯之後，顯得更亮麗耀眼了，紫紅的小花朵灑落在一大片的翠綠原野裡。小花朵可不寂寞呢！（敘述景）朝陽輕柔柔的從雲端掙脫出來，匆忙的趕著偷窺繽紛的世界。鳳凰花悄悄的在校園的角落噴綻團團的火紅，麻雀愉悅的在行道樹叢中，跳上跳下追逐嬉戲，好不熱鬧！（描寫景）

「哇！高雄田寮月世界這張令我印象深刻，光禿禿的山谷形成許多的皺褶，而且是灰白色的泥土，像極了月球表面。」外公略帶驚訝的表情。他說相片的景物對照郵票上的圖案有些不同，山腳下的樹木較稀疏，一撮撮的青

草點綴著黃土。（敘述物）外公說山谷的泥土，只要用手輕輕壓就會變成粉砂礫，和農田裡的泥土截然不同。（描寫物）

說明和議論的表述方式

在一篇文章中，說明的表述方式以說明一件事物為主，就這件事物加以客觀的分析與解說，不加入自己的任何意見，不作任何的批評或主張，要讓讀者能夠充分了解事物的特性。議論的表述方式是在議論一件事物時，要提出自己的主張，批評別人的意見，要讓讀者相信自己所說的道理是正確的。

在作文的時候，遇到必須詳加說明的事物時，可以運用說明的表述方式。遇到必須提出自己的主張或引用證據時，可以運用議論的表述方式。善用這兩種表述方式，可以讓文章更生動、更精彩，也可以讓讀者能夠充分了解文章的主旨。請參閱下列各段範文：

幾乎每個成功的人，都曾經失敗過，（說明事）沒有挫折的人生，就像沒有波浪的海洋，難以給人乘風破浪的挑戰性和成就感。既然挫折不能避免，我們就應該以積極的態度來面對它；更應該試著為成功找方法，而不是找藉口。（議論事）

收割後的稻穀，經驗豐富的農民會挑選較飽滿的穀粒，當作下一期稻作的種苗。以細網裝進穀粒，浸泡在戶外的流水中，約莫浸泡三至五天，便可以見到穀粒陸續發芽的景象。（說明物）但以現在的科技設備，我認為：若將浸泡後的穀粒，置放在恆溫及恆濕的密閉空間裡，完全排除戶外天候因素，相信在室內穀粒發芽率遠比戶外高出許多。（議論物）

抒情的表述方式

在一篇文章中，作者強烈表達內心感受，抒發隱藏的情意，大都能概括喜、怒、哀、樂等主要情感。作者透過細膩的情節鋪陳或寫作手法，也能表現細微的情感：委屈、隱忍、默認、崇拜……抒情的表述方式，一定要成功激發讀者的心靈，引起感同身受的共鳴。通常，作者的寫作手法有直接或間接的以外在事、物、景抒情，直接抒情要避免流於濫情，間接抒情需選定適合的素材，並且要有敏銳的觀察力，感性的心思，才能感動自己；感動讀者。請參閱下列各段範文：

多可悲啊！我在爺爺的靈前點燃三柱清香，淚水順臉頰而下。頓時，痛失摯愛的親人，也為爺爺長期承受病榻的災難深感難過，更不捨母親所受的委屈。種種令人鼻酸的事，一齊湧上心頭！（直接抒情）

記得到臺北師專求學的那年暑假，爸爸陪伴我到學校參加新生訓練。臨行前，媽媽送我們到火車站，火車進站後，我們上了火車，找到自己的座位。我緊緊的依偎在車窗旁尋找熟悉的身影，媽媽站在遠遠的月臺上揮手。火車緩緩駛動後，她一邊揮手一邊追著火車跑，嘴唇不斷的啟合。朦朧的淚光中，彷彿看到她的眼淚像一朵朵小白花飄落在月臺上。（借事抒情）

我是翱翔在天空的風箏，故鄉是拉扯風箏的線，父母是緊握住線的雙手。風箏飛得愈高，雙手愈握愈緊；等風箏飛累了，再慢慢把線收回來。我常想：風箏累了，可以休息，如果雙手累了，風箏就只能隨風而逝，在浩瀚的天空流浪。（借物抒情）

記得小時候，我喜歡在溪邊的堤防上遠眺，溪的對岸是焦黃又帶點綠意的鐵砧山，山腳下有淙淙的溪水流過。從堤防到山之間，隆起的沙洲把河床切割成好幾條大小不一的河道。各種不同形狀的石頭靜臥在沙洲上，還來不及開花的菅芒迎風搖曳，讓習慣寂靜的沙洲變得更熱鬧了。（借景抒情）

〈五月天的音樂夢〉寫作分析

審題：記敘文，記人：五月天，也記事：音樂夢。

主旨：五月天實踐音樂夢，不但讓自己成為年輕人成功的典範，也讓搖滾樂成為跨世代共同的愛好。

布局：以樂團發展時間先後順序鋪陳。

搖滾樂團「五月天」自成軍以來，勇敢追求音樂的夢想，在實現夢想的歷程中，他們不斷的尋求自我突破，創造屬於自己的舞臺。每一次的演出，都為了累積每一次成功的能量，他們希望用音樂喚醒人們心中的熱情，留下永恆的感動，讓世界變得更美好。

選材：總說五月天勇敢追求音樂的夢想，讓世界變得更美好。

十幾年來，五月天對於音樂創作與演出，始終秉持專業與敬業的態度。

每個團員都具有彈奏吉他的基本能力，主唱阿信幾乎包辦了所有的詞曲創作，貝斯手瑪莎擅長大提琴、鋼琴、口琴等樂器，鼓手冠佑對電子琴也非常拿手，團長兼吉他手怪獸具備音樂製作的專長；另一位吉他手石頭，更是專精錄音工程。由於他們專業的分工，因而讓每一張專輯，都能引起歌迷的共鳴；讓每一場演唱會，都能滿足歌迷的期待。

選材：五月天創作與演出的態度，專長分工合作。

熱愛音樂的五月天，即使他們已經是超人氣的偶像團體，卻保有平易近人的風範；不論是拍攝廣告或演出前的彩排，仍然和工作人員一起排隊領取便當。他們和所有人的互動謙虛有禮，就像老朋友一樣，絲毫不見明星的架子。

選材：雖已成偶像團體，但五月天仍保有謙虛有禮。

五月天的團員具有濃厚的革命情感，不爭名不搶利，彼此互信互諒。他們從不在乎知名度的高低，也不像一般的樂團以主唱為要角，每個團員都具備鮮明的特色與風格，也都擁有各自的粉絲。特別是在演出時，他們深刻的友情和完美的分工，充分展現密不可分的默契。

選材：五月天團員深刻的友情和完美的分工。

綻放音樂熱情的五月天，他們所創作的詞曲，有輕快的節奏，婉約的旋律，深遠的意境，歌聲更具有無比的穿透力。五月天所唱的每首歌，都能讓歌迷輕易的朗朗上口，也鼓勵歌迷勇敢追求夢想，樂觀看待自己的人生。聽他們的歌，可以讓人輕鬆自在，也可以振奮人心，更可以擁抱無限的希望。

選材：五月天歌聲更具有無比的穿透力。

堅持音樂夢想的五月天，除了不斷創造臺灣樂壇空前的紀錄外，也曾經在北京鳥巢體育館，締造兩場二十萬人爆滿的紀錄。在眾多的華人樂團中，他們不但是第一個登上日本音樂節目演唱，而且也是第一個接受英國國家廣播公司專訪的樂團。他們成功的站上國際舞臺，讓全世界再度看見臺灣，也成為另類的「臺灣之光」。

選材：五月天讓世界看見台灣。

五月天的努力，不但讓自己成為年輕人成功的典範，也讓搖滾樂成為跨世代共同的愛好；五月天的堅持，不僅讓全世界看到他們的成功，更提升了臺灣的國際知名度。

選材：五月天成為年輕人成功的典範。

〈單車雙塔行〉寫作分析

審題：記敘文，記事：騎單車行過南北雙塔。

主旨：單車雙塔的遠征，完成一項高難度的挑戰。

布局：依時間及北中南地點轉移的順序發展。

國慶日前的午夜，我們各自騎單車到臺灣最北端的富貴角燈塔集合，預計在一天內，騎到最南端的鵝鑾鼻燈塔，慶祝我們的國家生日快樂。

選材：國慶日前的午夜，敘述預計花費時間，出發與目的地。

午夜裡的富貴角燈塔，旋轉的光束，探照在漆黑的海面上，偶爾可見零星的燈光在海上浮沉，那是準備回航的漁船。靠近低矮的圍牆邊，我們踮起腳尖，依稀可見六角樓造型的燈塔旁，也有幾幢房舍，微弱的燈光映照著燈塔，可以看見牆面有黑白相間的條紋，北風呼呼的吹著，浪花不斷的拍擊海岸，如同一首動人的樂曲。

選材：出發後所見夜景，所聽見的浪聲。

我們在通往燈塔的山路邊合照後，跨上車立刻出發。我看著前車的後燈，伴隨風吹樹葉的沙沙聲，齒輪的嘎嘎聲，雙腳不斷的踩踏，跟著車隊向前行。時間在轉動的車輪間流逝，灰黑的天空，漸漸露出魚肚白，陽光灑落滿地金黃。

選材：黑夜，騎單車的景象及心情，天色逐漸明亮。

清晨，我們關掉車燈，踩著單車的影子前進，沿路盡是翠綠的田野，清新的空氣。我們騎過大安溪，來到大甲街上，停靠在一家早餐店休息，順便享用熱騰騰的芋頭糕和米粉湯。吃過早餐後，每個人的精神抖擻，整裝後再度踏上旅途。

選材：清晨，騎單車所見景象，吃過早餐繼續向前。

和煦的陽光稍稍減緩寒意，涼爽的風迎面吹來，騎起車來更加輕鬆愉快。經過西螺大橋後，到目的地的路程已過一半，也接近中午時分，簡單的填飽肚子後，我們一刻也不鬆懈，奮力的向前進。騎過嘉南平原，公路兩側一望無際的農田，綠油油的水稻迎風搖曳，上下起伏，彷彿也在為我們加油打氣。

選材：經過西螺大橋，嘉南平原綠油油的水稻，心情感受。

橘紅色的晚霞高掛天空，車隊進入臺南市區，也看見安平古堡的路標，順道品嘗蚵仔煎和蝦捲，檢查輪胎及其他裝備。天色漸漸昏暗，我們再度跨上車，打開車燈。這時候，我的臂膀、雙腳和臀部又痠又麻，咬緊牙根繼續騎，一段時間後，車隊經過大鵬灣，墾丁就在不遠的前方。

選材：黃昏騎過臺南，痠麻感覺，接近目的地。

星光點點的天空籠罩大地，車隊穿過墾丁大街，我們全力向前衝刺，不久後，便看見一道強大的光束，我們開心的歡呼：鵝鑾鼻到了！走近燈塔的圍牆邊，圓柱體的白色燈塔，鑲嵌幾個小窗戶，像一座神秘的城堡。光束的下方是一個車輪造型的平臺，在藍色的星空下更顯耀眼。

選材：晚上，強大的光束，燈塔的外型。

我們停好車，走到海岸旁，傾聽浪花拍擊海岸的聲音，最後，在圍牆外的草地合照，並且大聲的說：生日快樂！接近午夜的鵝鑾鼻燈塔，真是一幅美麗的圖畫。

選材：回到海岸合影，聽浪聲，回應出發前的景象。

〈辦桌〉原文寫作分析

審題：記敘文，記事。
主旨：珍惜臺灣傳統辦桌的人情味。
布局：以辦桌的時間先後順序敘述。

鄉下人只要遇到家裡有人結婚或者搬新家，就會「辦桌」宴請親朋好友，告知親朋好友家裡的喜事。

選材：總說辦桌的原因。

新房子蓋好後，我家也要辦桌請客了。我盼了好久，我家終於要辦桌了，記得我家第一次辦桌是姑姑出嫁時，隔了好多年，才能享受家裡辦喜事的快樂。辦桌前一天，搭棚架的工人，在寬敞的庭院中，搭起一根根竹柱子，等棚架整個結構體完成後，再覆蓋上一件塑膠布便大功告成了。搭棚架的同時，爸爸和哥哥已經把春聯貼在門柱和窗戶上方，房子貼上春聯，感覺好像在過年一樣，變得喜氣洋洋。

選材：新居落成，辦桌前一天準備事項。

當天下午，就有好多親戚朋友拿著紅包來給我們，負責收紅包的是以前的「里長伯」。紅色的禮簿上，記載著每一個人紅包內的金錢，姑姑包了三千六百元，大概是最多的了，大部分的人都是包六百元，比六百元多的，大概就是爸爸的親戚，要不然就是好朋友。爸爸說：包紅包就像在跟會一樣，以前，別人有喜事的時候，他包給別人，現在他自己有喜事了，別人自然而然會包給他了，甚至會比當初他所包的金額還要多一些。其實，包紅包的文化也是一種互助的行為。

選材：辦桌前一天下午收禮情形，包紅包的意義。

辦桌當天早上，廚師載了滿車的菜，魚肉、瓦斯和其他料理所需的佐料及器具。爸爸在庭院的角落搭建了一間臨時廚房，廚師和他的幫手，很快的便把各項器具準備好了，有的人洗菜，有的人生火，有的人切菜，每個人都有自己的工作，只為了中午的盛宴。

選材：辦桌當天早上，廚師及助手準備工作。

接近十二點時，陸陸續續有客人把整個會場慢慢填滿，每個人一進門都是大聲的向爸媽說恭喜，爸媽笑得合不攏嘴。大概十二點半，爸爸在大門口點上一串鞭炮，鞭炮的聲音正式宣佈喜宴開始了，第一道菜上的是「冷盤」；裡面裝有雞肉、豬肉、香腸和炸春捲，陸續上了許多菜，炸雞翅膀，炸鰻魚，貢丸湯，油飯等等，每一樣菜都是我的最愛。平常的日子，根本就吃不到這些食物，只有在吃「辦桌」時才有機會，吃到這麼多豐盛的東西。最重要的，還有我愛喝的汽水，我常常為了要吃遍美味的食物，而把肚子撐得好飽好飽，就怕錯過任何一種可口的菜餚。

選材：放鞭炮上菜，豐富的菜餚，我的感受。

爺爺，爸爸和媽媽一桌一桌向客人敬酒，看他們的笑容非常燦爛，像極了天空上的太陽一樣。整個會場瀰漫各種食物的香味，吵雜的喧鬧聲此起彼落，氣氛遠比過年來得熱鬧許多。等最後一道菜：海綿蛋糕送上桌，餐桌上可以包走的食物，大概全被包走了，海綿蛋糕的最後主人：便是餐桌上的小孩，餐桌上，誰帶小孩去，誰就有包走海綿蛋糕的權利。其他的菜就必須大家平均分配了，沒有人會多拿一份。

選材：逐桌敬酒，剩菜打包情形。

等宴會結束，總會有一些湯湯水水的剩菜，這些剩菜，鄉下人叫做「菜尾」，媽媽會把「菜尾」分送給鄰居，往後兩三天，我們全家三餐就吃這些剩菜，直到把剩菜吃完為止。

選材：菜尾的後續處理。

文章的結構分析

複習學生舊經驗為摘段落和課文大意，及曾學過記敘文的布局結構，也完成內容深究。教師依據學生就經驗，引導學生個別或分組或全班共同學習。

〈辦桌〉（康軒三上國語第四課）：

現在的人請客，喜歡帶著親友到飯店用餐；以前的人家裡有喜事，常會「辦桌」宴請親朋好友。

記得我讀小學三年級時，家裡的新房子蓋好後，也要請客了，這是我盼望好久的一件大事。

辦桌前一天，工人來搭棚架，爸爸也忙著掛紅彩，家裡變得好熱鬧。當天早上，廚師和他的助手載來滿車的食材和用具，他們分工合作把各種用具就定位：有的人排桌子，有的人洗菜，有的人切菜……全都為了迎接中午的盛宴。我們小孩子也好奇的跟前跟後，看得目不轉睛。

十二點一到，爸爸在大門口點上一串鞭炮，響亮的聲音告訴大家：宴會開始了。「手路菜」一道一道的上桌，令人一吃就忘不了。那時，大家平常都吃得很簡單，很少有機會吃到這些食物，只有在「辦桌」時，我才可以吃到這麼多美食，把肚子吃得圓鼓鼓的！

爸爸和媽媽一桌一桌的向客人打招呼、問好，臉上堆滿笑容，笑容像陽光一樣明亮。庭院中飄著一陣陣的香味，歡笑聲此起彼落，氣氛遠比過年還熱鬧。

等宴會收場，有一些「菜尾」，媽媽會分送給親朋好友。往後兩三天，全家三餐就吃這些「菜尾」，直到全部吃完。

當年「辦桌」時的歡樂氛圍，「菜尾」的好味道，是我到現在還難以忘懷的童年味、家鄉味……。

以我的課文〈辦桌〉為例進行結構分析：

國小課文記敘文的布局大都為順敘法，當然偶見倒敘或插敘。有人喜歡以「六何法」作結構分析，但六何法其實就是記敘文的結構，但在每一段文章中都有可呈現出「六何」中的幾個要素。以本課為例，主要結構為：背景、原因、經過、結果。而背景就含括六何法中的人、事、時、地，原因就是六何法中的為何，結果就是六何法中的如何。教師也可以引導學生利用心智圖、魚骨圖、結構表或簡單的敘述關鍵詞句表示課文結構。

教師在複習舊經驗後，可以四大結構，設計提問內容。透過師生互動，生生互動，透過問答及討論，而且答案其實都在課文中，學生可輕易的直接提取訊息，逐步找出課文結構並作紀錄。

〈辦桌〉屬於記事的記敘文，分析「背景」結構可提問：現在的人和以前的人宴客有何不同？辦桌的時間？辦桌的地點？人物有哪些？（可追問：主人？客人？其他人？）

分析「原因」結構可提問：作者家請客的原因是什麼？

分析「經過」結構可提問：辦桌前一天要準備什麼？辦桌當天發生什麼事情？（可追問：辦桌宴席前？辦桌宴席開始？辦桌宴席進行中？）

分析「結果」結構可提問：辦桌宴席結束後，發生什麼事？作者對辦桌的感想是什麼？

以下〈辦桌〉課文結構分析層次、簡述結構內容，學生可依個人喜好及能力轉化成各種圖表。

一、背景：（一）、時間：小學三年級。（二）、地點：新居庭院。（三）、人物：①主人：爸爸、媽媽、我。②客人：親朋好友。③其他人：搭棚架的工人、辦桌廚師和助手。

二、原因：新居落成，準備宴客。

三、經過：（一）、辦桌前一天：搭棚架、掛紅彩。（二）、辦桌當天：①宴席前：廚師和助手準備相關事宜。②宴席開始：爸爸放鞭炮。③宴席進行中：品嘗美味佳餚，賓主盡歡。

四、結果：媽媽留用及分送「菜尾」。難忘辦桌歡樂和「菜尾」的美味。

試著分析寫人的記敘文〈常常，我想起那雙手〉，全文如下：

在那年的雙十節，外公正式與我們告別，那天，細雨濛濛。常常，我想起外公那手腕上刺著一個「八卦」圖形的手。

在無憂無慮的小時候，我最喜歡去外公的國術館找他，每次到了那裡，第一件事就是坐上他那又大又舒適並且涼快的竹椅上。之後，我總會和他說：「阿公，我也要跟你手上一樣的圖案。」他笑了笑，從抽屜裡拿出一隻黑筆，把它畫在我的手上。完成之後，我開心的大笑，覺得自己和阿公一樣是個推拿師而神氣起來；常常，我想起那雙陪我玩樂的手。

每年過節，不管是大節慶、小節日還是西方的節慶或是家人生日，都會到阿公家中吃飯，和表哥、表姊玩耍；在吃飯時，我的碗如同「聚食盒」，所有山珍海味都像被磁化一樣的吸入「盒」中，在我感到驚訝時，我發現了磁鐵——阿公的筷子；常常，我想起的是那一雙以行動付出關愛的手。

然而，阿公的身體每況愈下，到醫院探望他時，只要看到正在吊著點滴的手，我的淚就不自覺的一直落下……。那雙雖溫暖卻已虛弱的手，不到一年，變成了冰冷、僵硬的手；看到這情況的一剎那，腦海中自動播放著他的手，陪我玩樂、為我付出、關心、教導我的手全成了回憶，在眼前的，只有這雙再也無法溫暖的手。

現在，他的手已投向了神，已投向天空，已投向那遙不可及的極樂世界。但在我挫折時，在我悲傷時，我總會想起那雙手給我的加油、打氣；在我欣喜若狂時，我總會想起那雙陪我手舞足蹈的手；在我怒髮衝冠時，我總會想起那要我冷靜以對的手，常常，我想起外公的那雙手。

教師可以透過適當的提問，引導學生討論並回答，這個過程也許是不間斷的，最後一定可以順利完成文章結構。

分析「背景」結構可提問：作者在哪一天想起那雙手？

分析「原因」結構可提問：外公手上的刺青圖形是什麼？

分析「經過」結構可提問：作者如何想起那雙陪他玩樂的手？那雙以行動付出關愛的手？那雙溫暖、關愛的手，為什麼變成冰冷、僵硬的手？看到外公冰冷、僵硬的手，作者的回憶又是什麼？

分析「結果」結構可提問：作者總會在什麼時候，想起外公那雙手？當作者想起那雙手，回想當時的情境又是如何？

以下〈常常，我想起那雙手〉結構分析層次、簡述結構內容，學生可依個人喜好及能力轉化成各種圖表。

一、背景：（一）、時間：那年的雙十節。（二）、地點：告別式場。（三）、主要人物：外公和我。

二、原因：想起外公手上八卦刺青。

三、經過：（一）、陪我玩樂的那雙手。（二）、付出關愛的那雙手。（三）、那雙冰冷、僵硬的手，喚起回憶。

四、結果：（一）外公過世。（二）每當挫折、悲傷時，想起加油、打氣的那雙手。（三）每當欣喜若狂時，想起陪我手舞足蹈的那雙手。（四）每當怒髮衝冠時，想起要我冷靜以對的那雙手。

最後，試著分析寫景的記敘文〈四季〉，全文如下：

四季

黃鶯邀約燕子到和煦的南方來度假。遠遠的山際，杜鵑花經過山雨的洗濯之後，顯得更亮麗耀眼了，紫紅的小花朵灑落在一大片的翠綠原野裡。小花朵可不寂寞呢！

朝陽輕柔柔的從雲端掙脫出來，匆忙的趕著偷窺繽紛的世界。鳳凰花悄悄的在校園的角落噴綻團團的火紅，麻雀愉悅的在行道樹叢中，跳上跳下追逐嬉戲，好不熱鬧！

秋風勤快的撿拾昨夜被遺棄的枯葉，搖醒沉睡的街道。也只有秋風才懂得流浪的滋味；只有秋風能體會漂泊的難受。

樹木難捨的褪去僅剩的一件薄衫，卻也堅忍的挺直腰桿承受霜雪的考驗。在困厄的環境中，愈能砥礪堅毅的性格，樹木如此；人不也是這樣的嗎？

教師可以從本文各自然段（也是意義段）透過適當的提問，引導學生討論並回答，這個過程也許是不間斷的，最後一定可以順利完成文章結構。

分析第一段結構可提問：哪兩種鳥類到南方來度假？度假的鳥兒和杜鵑花開代表四季中的哪一季？

分析第二段結構可提問：朝陽、鳳凰花、麻雀各做了什麼？代表四季中的哪一季？

分析第三段結構可提問：秋風做了什麼事？

分析第四段結構可提問：哪些訊息可以表示冬天的景象？

這篇短文結構很清楚，分別描寫春、夏、秋、冬的部分景象，在結尾時，也提出人是否也該學習樹木在困厄的環境中，愈能砥礪堅毅的性格？留給讀者深思。

以下〈四季〉結構分析層次、簡述結構內容或僅標出關鍵詞，引導學生可依個人喜好及能力轉化成各種圖表。

一、春季景象：（一）黃鶯邀約燕子到和煦的南方來度假。（二）杜鵑花經過山雨的洗濯之後，顯得更亮麗耀眼。

二、夏季景象：（一）朝陽輕柔柔的從雲端掙脫出來。（二）鳳凰花悄悄的在校園的角落噴綻團團的火紅。（三）麻雀愉悅的在行道樹叢中，跳上跳下追逐嬉戲。

三、秋季景象：（一）秋風勤快的撿拾昨夜被遺棄的枯葉。（二）秋風懂得流浪的滋味。

四、冬季景象：（一）樹木難捨的褪去僅剩的一件薄衫。（二）人也應該學習樹木，在困厄的環境中，愈能砥礪堅毅的性格。

除了記敘文外，說明文也可透過教師提問，引導學生討論後，分析出說明文的結構：總說、分說、結論。議論文也是如此，慢慢的推論出論點、論據、論證等三大結構。

〈辦桌〉仿作

仿作文章的學生舊經驗應已完成形式與內容深究，也就是從課文長作文的概念。〈辦桌〉敘述一件事，主要內容涵蓋時間、地點、人物、原因、經過、結果。當然，在敘述過程中，作者也會透過文字表達內心的感受或情意，但絕不會聚焦在感受或情意上。

教仿作一篇短文，當然要兼顧認知、技能和情意三個目標，一篇文章不會完全聚焦在情意上，何況是狹隘的「情緒」呢？既然是仿作課文，就必須從課文中尋找適當的引導詞，而不是所謂隨興的情緒詞，再把情緒詞當作關鍵詞來造句成段而已，還可以把情緒詞依個人喜好更換順序，自由運用造句成段。

因此，仿作〈辦桌〉課文，要依據學生的生活經驗找出仿作短文的題目，只要給學生自由命題，更能寫出真實的生活經驗。若真的需要統一命題，就必須考量學生所擁有的共同生活經驗，如：大隊接力。

以我的課文〈辦桌〉為例，內容如下：

辦桌（康軒三上國語第四課）

現在的人請客，喜歡帶著親友到飯店用餐；以前的人家裡有喜事，常會「辦桌」宴請親朋好友。

記得我讀小學三年級時，家裡的新房子蓋好後，也要請客了，這是我盼望好久的一件大事。

辦桌前一天，工人來搭棚架，爸爸也忙著掛紅彩，家裡變得好熱鬧。當天早上，廚師和他的助手載來滿車的食材和用具，他們分工合作把各種用具就定位：有的人排桌子，有的人洗菜，有的人切菜……全都為了迎接中午的盛宴。我們小孩子也好奇的跟前跟後，看得目不轉睛。

十二點一到，爸爸在大門口點上一串鞭炮，響亮的聲音告訴大家：宴會開始了。「手路菜」一道一道的上桌，令人一吃就忘不了。那時，大家平常都吃得很簡單，很少有機會吃到這些食物，只有在「辦桌」時，我才可以吃到這麼多美食，把肚子吃得圓鼓鼓的！

爸爸和媽媽一桌一桌的向客人打招呼、問好，臉上堆滿笑容，笑容像陽光一樣明亮。庭院中飄著一陣陣的香味，歡笑聲此起彼落，氣氛遠比過年還熱鬧。

等宴會收場，有一些「菜尾」，媽媽會分送給親朋好友。往後兩三天，全家三餐就吃這些「菜尾」，直到全部吃完。

當年「辦桌」時的歡樂氛圍，「菜尾」的好味道，是我到現在還難以忘懷的童年味、家鄉味……。

依據〈辦桌〉各自然段進行仿作一篇短文，先找出原文的寫作脈絡，找出引導詞，再構思仿作脈絡，最後完成一篇短文。試以〈辦桌〉第二自然段，先仿作一段短文，再參考全課段落大意，歸納課文寫作脈絡，標出引導詞，完成一篇作文。

【原文第二自然段】記得我讀小學三年級時，家裡的新房子蓋好後，也要請客了，這是我盼望好久的一件大事。

【原文寫作脈絡】記得（回憶）我讀小學三年級時（時間），家裡（地點）的新房子蓋好後（事實），也要請客了（準備），這是我盼望好久的一件大事（心情、氣氛）。

引導詞「準備」，除了準備辦桌請客的意思外，也蘊含以辦桌這件事，向親友宣告新居落成，並獲得親友的祝福。「心情」可以是作者當下的情緒，「氣氛」指當下的情境，作者或家人盼望的氛圍。教師可依據課文適當使用引導詞，也可以透過分組討論或個別找出引導詞，但切記需符合課文內容。

【引導詞】回憶、時間、地點、事實、心情、準備、氣氛。

【仿作短文】記得（回憶）我國中一年級時（何時），祖母在房間嚥下最後一口氣（事實），這是我第一次體會到死別的痛楚（心情）。祖母出殯前一天，我們全家人跟著道士完成誦經法會（準備），家裡瀰漫悲傷與死別的哀戚（氣氛）。

以上段落短文仿作，全篇課文仿作，試以學生共同的生活經驗「大隊接力」為例，參照課文內容，透過分組討論或個別思考找出引導詞，讓每一個學生都有能力進行課文仿作。

【原文第一自然段】現在的人請客，喜歡帶著親友到飯店用餐；以前的人家裡有喜事，常會「辦桌」宴請親朋好友。

【原文寫作脈絡】現在（時間）的人（人物）請客（事實），喜歡帶著親友（人物）到飯店（地點）用餐（方式）；以前（時間）的人家裡有喜事（事實），常會「辦桌」（方式）（地點）宴請親朋好友（人物）。

【引導詞】時間、人物、事實、地點、方式。

【仿作短文】去年（時間）的運動會（事實），我們班（人物）只獲得大隊接力第四名（事實）；今年（時間）的運動會，我們（人物）要增加練習時間和次數（方式），以擠進前三名為目標（事實）。

【原文第二自然段】記得我讀小學三年級時，家裡的新房子蓋好後，也要請客了，這是我盼望好久的一件大事。

【原文寫作脈絡】記得（回憶）我（人物）讀小學三年級時（時間），家裡（地點）的新房子蓋好後（事實），也要請客了（準備），這是我（人物）盼望好久的一件大事（心情、氣氛）。

【引導詞】回憶、時間、地點、人物、事實、心情、準備、氣氛。

【仿作短文】記得（回憶）去年三年級（時間）在操場（地點）的第次體育課（時間），老師（人物）說我們（人物）要好好準備運動會大隊接力（事實），最後獲得第四名（事實）。今年，老師（人物）說除了體育課外（準備），也會利用晨間活動的時間練習（準備），這是我（人物）第二次參加大隊接力比賽（心情），期待可以獲得更好的成績（氣氛）。

【原文第三自然段】辦桌前一天，工人來搭棚架，爸爸也忙著掛紅彩，家裡變得好熱鬧。當天早上，廚師和他的助手載來滿車的食材和用具，他們分工合作把各種用具就定位：有的人排桌子，有的人洗菜，有的人切菜……全都為了迎接中午的盛宴。我們小孩子也好奇的跟前跟後，看得目不轉睛。

【原文寫作脈絡】辦桌前一天（時間），工人（人物）來搭棚架（事實）（準備）（地點），爸爸（人物）也忙著掛紅彩（事實）（準備）（地點），家裡（地點）變得好熱鬧（氣氛）。當天早上（時間），廚師和他的助手（人物）載來滿車的食材和用具（景物），他們（人物）分工合作把各種用具就定位（準備）：有的人（人物）排桌子，有的人（人物）洗菜，有的人（人物）切菜……（景物）全都為了迎接中午的盛宴（事實）。我們小孩子（人物）也好奇的跟前跟後（心情），看得目不轉睛（氣氛）。

【引導詞】時間、人物、事實、地點、景物、心情、準備、氣氛。

【仿作短文】運動會前一個月（時間），每天（時間），我們（人物）利用晨間活動（時間）跑五圈操場（地點），更密集的練習傳接棒的技巧（事實），在接力區（地點）不斷練習起跑時間點（準備），培養和傳接棒隊友間（人物）的默契（準備）。每次練習後（時間），我們（人物）氣喘吁吁（事實）的彼此（人物）相望（景物），彼此（人物）鼓勵（心情），邁向我們共同設定的目標（氣氛）。

【原文第四自然段】十二點一到，爸爸在大門口點上一串鞭炮，響亮的聲音告訴大家：宴會開始了。「手路菜」一道一道的上桌，令人一吃就忘不了。那時，大家平常都吃得很簡單，很少有機會吃到這些食物，只有在「辦桌」時，我才可以吃到這麼多美食，把肚子吃得圓鼓鼓的！

【原文寫作脈絡】十二點一到（時間），爸爸（人物）在大門口（地點）點上一串鞭炮（事實）（準備），響亮的聲音（氣氛）告訴大家（事實）：宴會開始了（時間）。「手路菜」一道一道的上桌（景物），令人一吃就忘不了（心情）。那時（時間），大家（人物）平常都吃得很簡單（事實），很少有機會吃到這些食物（事實），只有在「辦桌」時（時間），我（人物）才可以吃到這麼多美食（事實），把肚子吃得圓鼓鼓的（事實）（氣氛）！

【引導詞】時間、人物、事實、地點、景物、心情、準備、氣氛。

【仿作短文】運動會當天早上（時間），運動員（人物）繞場（景物）開幕後（時間），接著各式各樣的表演活動（景物）、個人田徑賽（景物）……最後的項目便是大隊接力（事實），當司儀（人物）宣布四年級大隊接力選手開始（時間）檢錄（準備）（氣氛），接著（時間），裁判老師（人物）要求單數和偶數棒次（人物）到指定位置（地點）（準備）（氣氛）。四年級各班第一棒（人物）也站上起跑點（地點）（準備），當槍聲一響（景物），為大隊接力揭開序幕（時間）。我（人物）排在第五棒，接到棒時（景物）（心情），我們班（人物）暫時位居第四名（事實），我（人物）全力衝刺（心情），傳給第六棒（人物）後，還差一點跌坐在跑道上（地點）。此時（時間），我（人物）漲紅著臉（心情），心跳加速（心情），更是氣喘如牛（事實）的站在跑道邊（地點）（氣氛），遠看著（事實）隊友（人物）向前衝刺（景物）（氣氛）。

【原文第五自然段】爸爸和媽媽一桌一桌的向客人打招呼、問好，臉上堆滿笑容，笑容像陽光一樣明亮。庭院中飄著一陣陣的香味，歡笑聲此起彼落，氣氛遠比過年還熱鬧。

【原文寫作脈絡】爸爸和媽媽（人物）一桌一桌（時間）（地點）的向客人（人物）打招呼、問好（事實）（景物）（氣氛），臉上堆滿笑容（心情），笑容像陽光一樣明亮（心情）（氣氛）。庭院中（地點）飄著一陣陣的香味（事實），歡笑聲（人物）（心情）此起彼落（氣氛）（事實）（景物），氣氛遠比過年還熱鬧（氣氛）。

【引導詞】時間、人物、事實、地點、景物、心情、氣氛。

【仿作短文】看著我們班一棒接一棒（人物），我們（人物）在選手休息區（地點）為每一棒（人物）吶喊（景物）（心情），司儀（人物）帶著場邊（地點）的家長（人物）一起加油（景物）。一開始各班（人物）互有領先（景物）（事實），從第十一棒（人物）（時間）後，我們班（人物）就維持在第三、第四名間（事實）。場邊尖叫聲迴盪在操場上（地點），炙熱的太陽更熱情了（景物）（心情）。代表領先群第一名的最後一棒（人物）槍響後（時間）（心情），我們班最後一棒是田徑隊的風速女王（人物），只見她（人物）接棒剎那（時間），大約只距離第三名的選手（人物）十公尺。我們（人物）扯破喉嚨又叫又跳（景物）（心情），一瞬間（時間），風速女王（人物）遠遠拋開（心情）（事實）第三名選手（人物），直到終點（地點）。我們班的選手（人物）高興（心情）得跳了起來（景物），彼此擊掌擁抱（景物），慶祝達成第三名的目標（氣氛）。

【原文第六自然段】等宴會收場，有一些「菜尾」，媽媽會分送給親朋好友。往後兩三天，全家三餐就吃這些「菜尾」，直到全部吃完。

【原文寫作脈絡】等宴會（地點）收場（時間），有一些「菜尾」（景物），媽媽（人物）會分送（事實）（心情）給親朋好友（人物）（氣氛）。往後兩三天（時間），全家（人物）三餐（時間）就吃這些「菜尾」（景物），直到全部吃完（事實）（氣氛）。

【引導詞】地點、時間、人物、事實、景物、心情、氣氛。

【仿作短文】大隊接力結束後（時間），我們（人物）回到班級休息區（地點），大家（人物）七嘴八舌（心情）的討論比賽過程（事實），老師和每一個同學（人物）笑開懷（心情），沉浸在達成目標的歡樂氣氛中（氣氛）。一直到司儀（人物）廣播各班到操場（地點）集合（事實），準備運動會閉幕（事實）。

【原文第七自然段】當年「辦桌」時的歡樂氛圍，「菜尾」的好味道，是我到現在還難以忘懷的童年味、家鄉味……。

【原文寫作脈絡】當年（回憶）「辦桌」時（時間）的歡樂氛圍（心情），「菜尾」的好味道（事實），是我（人物）到現在（時間）還難以忘懷（事實）的童年味、家鄉味……（氣氛）。

【引導詞】回憶、時間、心情、事實、人物、氣氛。

【仿作短文】暑假過後（時間），我（人物）即將升上五年級（事實），每每想起（回憶）上學期的運動會（事實），我（人物）到現在還難以忘懷（心情）大隊接力的緊張與刺激（心情），特別是全班（人物）實現共同目標的成就感（氣氛）。

當完成仿作每一個自然段短文，便可以把仿作各段統整歸納成一篇文章，學生在完成仿作一篇文章後，再度發現記敘文的結構：背景、原因、經過、結果。記事如此，寫景、寫物、寫人也是具備四層次結構。上述仿作〈辦桌〉成一篇新文章〈大隊接力〉：

大隊接力

【背景】去年的運動會，我們班只獲得大隊接力第四名；今年的運動會，我們要增加練習時間和次數，以擠進前三名為目標。

【原因】記得去年三年級在操場的第一次體育課，老師說我們要好好準備運動會大隊接力，最後獲得第四名。今年，老師說除了體育課外，也會利用晨間活動的時間練習，這是我第二次參加大隊接力比賽，期待可以獲得更好的成績。

【經過】運動會前一個月，每天，我們利用晨間活動跑五圈操場，更密集的練習傳接棒的技巧，在接力區不斷練習起跑時間點，培養和傳接棒隊友間的默契。每次練習後，我們氣喘吁吁的彼此相望，彼此鼓勵，邁向我們共同設定的目標。

【經過】運動會當天早上，運動員繞場開幕後，接著各式各樣的表演活動、個人田徑賽……最後的項目便是大隊接力，當司儀宣布四年級大隊接力選手開始檢錄，接著，裁判老師要求單數和偶數棒次到指定位置。四年級各班第一棒也站上起跑點，當槍聲一響，為大隊接力揭開序幕。我排在第五棒，接到棒時，我們班暫時位居第四名，我全力衝刺，傳給第六棒後，還差一點跌坐在跑道上。此時，我漲紅著臉，心跳加速，更是氣喘如牛的站在跑道邊，遠看著隊友向前衝刺。

【經過】看著我們班一棒接一棒，我們在選手休息區每一棒吶喊，司儀帶著場邊的家長一起加油。一開始各班互有領先，從第十一棒後，我們班就維持在第三、第四名間。場邊尖叫聲迴盪在操場上，炙熱的太陽更熱情了。代表領先群第一名的最後一棒槍響後，我們班最後一棒是田徑隊的風速女王，只見她接棒剎那，大約只距離第三名的選手十公尺。我們扯破喉嚨又叫又跳，一瞬間，風速女王遠遠拋開第三名選手，直到終點。我們班的選手高興得跳了起來，彼此擊掌擁抱，慶祝達成第三名的目標。

【結果】大隊接力結束後，我們回到班級休息區，大家七嘴八舌的討論比賽過程，老師和每一個同學笑開懷，沉浸在達成目標的歡樂氣氛中。一直到司儀廣播各班到操場集合，準備運動會閉幕。

【結果】暑假過後，我即將升上五年級，每每想起上學期的運動會，我到現在還難以忘懷大隊接力的緊張與刺激，特別是全班實現共同目標的成就感。

專論

〈辦桌〉仿作　172

國語課教學軸線

國語文有六大學習能力指標：注音符號、聆聽、說話、識字與寫字、閱讀、寫作。教學目標偏重認知、技能與情意領域，認知是對知識、概念、原理及其應用。技能是問題解決能力的學習，主要特徵是知識的獲得與應用。情意是指對外界刺激肯定或否定的心理反應，如喜歡、厭惡等，進而影響在行為上所採取的行動。

國語課教學有兩條主要的軸線，分別是形式和內容深究。形式深究是研究課文內容是「怎麼寫的」、「為什麼要這樣寫」：也就是課文的字詞義、修辭、句型、取材、體裁、結構等，並進行閱讀摘取段落架構、寫作取材訓練、學習文章布局、及其他具特色的寫作方法等。內容深究要探討課文的內容「是什麼」：人物、事件、故事情節、大意。再探討文章的內容「為什麼」：也就是隱藏在人、事、物背後的思想、精神和觀念。

「內容深究」的目的在透過課文理解後，讓學生可以擴展知識領域，建立並培養正確的判斷能力與觀念，認識作者取材的方法與範圍，訓練思維的方式，最後藉由欣賞文章，培養美感經驗。

內容深究首要探討課文的內容「是什麼」？也就是我們熟悉的摘取段落及課文大意。從課文內容中，透過提問或追問，在問答過程裡，慢慢的引導學生個別思考或擷取訊息、兩兩或分組討論，找出每一自然段的背景（人、事、時、地等）、看法或想法、計畫或行動、結果或結局等重點訊息，摘出段落大意，再歸納成課文大意。

教師提問策略可參考閱讀理解四層次指標前二個層次，第一層次直接提取訊息：與特定目標有關的訊息。找出特定想法或觀點。指出故事的場景（例如時間、地點）。找出文章中明確陳述的主題句或主要觀點。第二層次直接推論訊息：推論出某事件所導致的另一事件。在一串的論點或一段文字後，歸納出重點。

內容深究次要探討文章的內容「為什麼」：也就是隱藏在人、事、物背後的思想、精神和觀念。深入研究作者藉由文字所要傳達的的中心思想、觀點、思考邏輯。從課文內容中，透過提問或追問，在問答過程裡，慢慢的引導學生個別思考或擷取訊息、兩兩或分組討論，找出隱藏在人、事、物背後的思想、精神和觀念。

教師提問策略可參考閱讀理解四層次指標後二個層次，第三層次詮釋、整合觀點和訊息：歸納全文訊息或主題。詮釋文中人物可能的特質、行為與做法。比較及對照文章訊息。推測故事中的語氣或氣氛。詮釋文中訊息在真實世界中的應用。第四層次檢驗、評估內容、語言和文章的元素：評估文章所描述事件確實發生的可能性。描述作者如何安排讓人出乎意料的結局。評斷文章的完整性或闡明、澄清文中的訊息。找出作者論述的立場（觀點）。

形式深究所要達成的教學目標，可以透過概覽課文、課文理解及內容深究等教學流程。每個學習階段，國語課本裡每一課課文都應該遵循形式和內容深究主要教學軸線，也是學生學習文本的重點。即便是教師連結或補充相關教材的延伸教學，而最終的目標是要讓學生確實達成國語文六大學習能力指標。

國語教科書可能的迷思

教科書是最基礎的文本，可以學習生活，學習閱讀，學習寫作，學習情意的培養……我們都認為教科書的內容是神聖不容質疑的，因而，各家出版社也都以編寫字典的態度來編寫教科書，這是值得肯定的。不過，為樹立教科書的「權威」，各家出版社作法相當，讓讀者可以信任教科書，增加教科書市佔率。第一線的國小老師們，評選教科書時，通常也會迷思出版社的「權威」形象，因此，各家出版社所編寫教科書的風格就會慢慢地趨近了。如此現象，對提升學生國語文能力，拓展生活視野，多元開放的教育趨勢也許會有些許的矛盾。

我認為教科書內容的迷思現象，首推名家選文，所謂名家，跟你我的想法是一致的，大概泛指名氣大的作家，或不朽的文學作品及偉人傳記……向陽、劉克襄、林海音、蔣勳、馮輝岳等名家作品選編入教科書，光是聽他們的名氣，就讓教科書夠權威了，學生、家長與老師全然信服，連絲毫質疑名作的動機都沒有。在出版社行銷的手法上更是品質保證，業務員只要告訴學校老師說，教科書選文是含這些名家的作品，試問哪個老師會質疑教科書的品質呢？

我認為在出版社所組成的編撰或編寫委員會，可以試著聘任絕大多數是第一線的資深老師，他們了解各年段學生的語文程度與需求，如果可以嘗試自己寫一篇適合學生的課文。當然，這篇課文或許缺乏了名家的權威性與文學性，出版社可以請名家們擔任編撰顧問，再次審核資深老師所寫的課文，一來可以為課文背書，增加權威性，二來可以提升課文的文學性。

迷思現象二：各出版社美其名成立了編撰委員會，真的是美其名啊。設立了許多專業的權威職位，例如：編撰顧問、編撰指導、編撰諮詢、主任委員、編撰委員等。其實，參與過教科書編寫的老師也很清楚，是不是真的各司其職了呢？是不是真的層層把關了呢？許多中文系的教授或兒童文學作家或資深教師或校長擔任了出版社的編撰委員會的幹部，光看封底頁屬於編撰委員會的姓名排列就令人折服了，當然，也再次提升教科書的權威，也讓出版社得以順利拓展教科書市場。

我認為權威確實來自於專業，師資養成階段中，過去的師專到專四時也設立語文組，師院或現在教育大學有語文教育學系，難道我們不相信師培校院所培養出來的老師，不具備編寫教材的能力嗎？我們豈能左手栽培專業的師資，右手質疑教師的專業呢？放手給老師寫吧，教授與作家可以從旁協助或者確實任諮詢審核的工作，這樣，教科書才能更貼近學生的學習。

迷思現象三：選編名人傳記或故事，例如：海倫凱勒、哥倫布、莎士比亞、馬偕等人故事是學生學習的標竿，也啟發學生學習的動機，也最能發人深省，權威性十足，更具備國際視野與歷史連貫性。

名人傳記其實是最好的教科書題材，不僅適合語文學習，品德陶冶，標竿學習的典範。為人師或為人父母最喜歡介紹孩子讀名人傳記，但我們喜歡介紹的名人傳記大都圍繞在上述的名人中，我們曾經告訴孩子：臺東有個賣菜的陳樹菊阿嬤，默默的捐出賣菜所得，幫助多少需要幫助的人啊。嘉義有個何明德先生，曾經成立嘉邑行善團，到處造橋，臺灣各地幾乎可以看到行善團造橋的善舉。教科書可以多介紹些屬於臺灣的名人，不但可以提升學生對鄉土的認同，更可以讓學生以生為臺灣人為榮，相信也可以達到讀名人傳記的效果。

迷思現象四；選編古代名詩人作品，例如：李白、王維、白居易等，佳作不會因朝代更替或歷史而孤寂，我們也喜歡讀古代名家的作品，有時對照現今環境，細細品味，別有一番新氣象。選編古詩詞最大的優點是沒有爭議，主旨清晰，可以懷古思今，可以學習古人的智慧，想像當時的時空，提升學生想像力。

我認為真要選編古詩作，不必太排斥臺灣古詩人的作品，讓學生了解臺灣也有相當優秀的詩人。目前選編的古詩作，通常上了國高中階段，國文教科書也會再次呈現，也還會有機會可以深入了解。國小選編的古詩作，可以再將範圍擴大些，選編一些國高中沒有機會再讀一次的詩作，更可以拓展學生的視野。

迷思現象五；選編過去國立編譯館曾經寫過的作品，例如：完璧歸趙，過去以劇本的形式呈現，現在也是，似乎完璧歸趙僅能以劇本的形式呈現故事的內容，出版社其實可以嘗試改寫成故事或小說，相信也能擁有不同的旨趣。十多年前的學生演這齣戲，現在的學生也演這齣戲，不可否認，完璧歸趙確實是相當經典的一部好劇。過去，屬於機智反應的題材，國立編譯館也寫過「晏子使楚」的課文，同樣也是發人深省的佳作。

我認為兒童劇有其必須具備的條件，基本條件便需適合學生的生活經驗，才較容易能獲得學生共鳴，啟發學生的智慧。和完璧歸趙有相同機智的故事，可以輕易地找出學生生活故事類似的機智反應，或者從學生閱讀的課外書籍中，也可以找到機智的題材，不全然只有完璧歸趙這篇題材而已。

迷思現象六；故事重複取材，本學期的國語課本中，有二家出版社同時在課文中改寫了「魯班造傘」的故事，有一家編排在二年級，另一家編排在四年級的課文。內容雖然雷同，但書寫的深度配合學生年齡而有所區隔。這樣的結果，也說明了各家出版社未能彼此觀摩或了解編排的文章或故事的內容，如果學生在二年級選讀過這篇文章，四年級再重讀一次，這類的學生就缺乏接觸不同故事課文的機會了。

我認為出版社不該侷限在內部編撰的作業，或許可以適時的與別家出版社互換編撰心得，互相欣賞選編的文章內容，但這涉及商業機密，相信出版社不願意做，也做不到。也許開放的向全國教師徵文，依照選編的類別和主題來徵文，相信重複性相對的就會降低許多。透過全國性的徵文，可以鼓勵各地的老師書寫在地生活，或是提供各地的生活作為編寫課文的材料，避免各出版社過於以「臺北觀點」為編寫課本的指導原則。出版社也應試著向教育部編審委員會申覆，堅持課文撰寫或選編的動機，主動捍衛增刪課文的自主權，不見得要一味的迎合編審委員的主觀意見，才是學生之福啊。

迷思現象七；修辭與句型教學，各家出版社在每一單元後，會設立統整活動，看似為整個單元做一個簡單的複習，但實際上有些統整活動又與本單元的學習沒有直接的相關。例如過分的強調修辭學與句型，導致第一線的老師將修辭當作是讀書教學的重點，卻忽略了課文主旨與大意，形式與內容深究，也忽略了課文理解與賞析，這恐怕不是教科書編撰者的原意。

我認為修辭與句型固然重要，但勿需刻意強調，屬於艱深的修辭與句型應讓學生到高中以上階段再去學習，小學階段只要讓學生了解簡單的修辭與句型即可。透過習作的深化練習，透過日記與作文的強化寫作，從模擬課文修辭與句型的練習開始，熟練了，學生自然而然能轉化成自己創作的能力。

十二年國教即將實施，多元入學方式提供學生多元學習的途徑。試問：有部分人也許還在迷思教科書是唯一的學習教材，其實背後最大的迷思，可能是未來的基測、學測或指考的標準答案。教育現場的老師們必須避免用過去的教材或教育方式，教導現在的學生去適應未來的生活。這樣，無法有效提升學生面對未來的競爭力，要鼓勵學生多元學習，不斷的改變教學方式，提升教學成效，受益的是整個國家的下一個世代。嘗試著去擺脫一些刻板的迷思吧，教育的視野會更開闊，學生的學習會更有興趣。

二〇一二年十二月三十日《新北市教育季刊》第五期

國語名家選文風潮

國小國語文有注音符號、聆聽、說話、識字與寫字、閱讀、寫作等六大能力指標，國語教科書的課文，是教師常用的文本教材，教導學生獲得六大能力。每一篇的課文都要讓學生學習文章的形式、內容與主旨。因而，課文撰寫必須經過縝密的設計，從生字、語詞、句型、修辭、段落編排到文章結構，甚至到習作練習，一定要適合各年段學童的生心理層次，才能夠順利達成學習目標。

要文氣還是名氣？

近年來，各出版社特地挑選名作家的作品成為課文，也受到教學現場老師的肯定與鼓勵，通常老師只要看到課本目錄上名人的名字，很難拒絕名人的權威，可能還來不及看到文章內容，就心動不已了，也就順理成章的選用為教材，名家或者名人寫的課文，成為出版社的市場保證，因此，名家選文成為課文蔚為風潮。古詩選文不出王維、李白等大詩人，現代詩選文以余光中、向陽為代表，名作家張曼娟、小野、李潼、琦君、琹涵、陳幸蕙、鄭明娳、蔣勳、劉墉等皆是一時之選。另外，還有口足畫家楊恩典、名主播詹怡宜、青年公益家沈芯菱的文章都選入課文。也許日後，有可能在課文裡看到周杰倫、蔡依林、江蕙等名人的文章。

名家原作要轉化

如果名家的定義是文壇重量級作家，作品必定具有文學價值。課文能選進名作家作品，當然可以涵養孩子的文學素養，但想想，作家寫作的初衷為何？也就是說，作家限定讀者群是小學生嗎？還是高中以上的讀者群？寫作設定的閱讀對象，會影響文章的表達方式，簡單來說，小學生並不一定能夠讀得懂。因此，名家原作必須經過改寫，適合該年級的學生閱讀，才能成為國語文的教學文本。不過，重量級作家並不喜歡作品被改寫，有時會遭到出版社割捨。當然，如果出版社為借用作家名氣，提高教科書佔有率，有時也會同意作家的堅持，將原作品選入課文裡。

如果名家的定義是名人，具有媒體高曝光率，具備高知名度，但文章不如作家的文學價值，那就真的要徹底的改寫了。我認為出版社只是要借用名人的名氣，當成教科書的主打商品而已。當然，也有一個可能就是課文借名號，實質上由出版社找人捉刀，這種作法，至少寫出來的課文較符合學生學習能力。

出版社高明的行銷手法

各版本的教科書，仔細閱讀過，可以發現不同的版本會選用相同的名家，或者同樣的取材內容會在不同的年級出現。這就是出版社的行銷手法。A出版社會告訴老師B出版社教科書選用的名家，也有選入A的教科書，達成「恐怖平衡」。C出版社會告訴老師D出版社教科書裡在高年級的題材，早在C的中年級出現過，間接透露D的教材落後訊息，這樣的手法比較粗糙，類似商場的惡意競爭。

為爭取較大的市場佔有率，出版社爭相名家選文，在每冊的課文裡，越多的名家，越能吸引老師的注意，當然，在市場的回饋增強了出版社的做法。甚至，有的出版社從一年級就開始做名家選文，從一年級就培養老師及學生的消費習慣，市場占有率就很容易穩固甚至逐漸擴大版圖。

每家出版社都會有完善的售後服務，也算行銷手法之一，不贅述。

教師的專業判斷

國語教科書可以成功的發行，教育部有嚴格的審核與把關，形式上，每一個版本都可以合法的使用，但教師選用教科書版本，應依據教育的專業判斷，排除個人情感，跨越教師同儕壓力，忽略出版社的行銷手法，也勿以習作好寫好改與否作為標準，更勿有名家的正負面刻板印象。選用課本前，仔細的看過要選用年級每個版本的課文，考量教材銜接性，也可以同時看一個年段的課文，或者低中高年段一起看，詳細評估各版本的優劣為選用要件。在教學過程中，對於選用的版本做形成性評鑑，學年結束前做總結性的評鑑，適合的版本繼續用，不適合的版本就更換，才能真正選出適合孩子學習的文本。

二〇一四年十二月三十一日《新北市教育季刊》第十三期

康軒版六上第七課冬天的基隆山。作者心中的意要把基隆山擬人，用了東北季風的嚎叫、脖子、芒花織成的毛衣的向來表達。既然將基隆山擬人化了，其實就可徹底些。詩的第二段可以直接寫出基隆山穿上芒花為她編織的毛衣的文意，便能說明芒花滿山的意象了；只有基隆山可以穿上芒花圍巾，便足以說明基隆山屹立東北角群山間的意象了。

康軒版六上第十二課心靈小詩，有四小節短詩，因為是名家，我們都承認它是詩，但筆者認為比較像「靜思語」，如第一節：「若你因錯過太陽而流淚，你也將錯過星辰。」，簡單的二句，待讀者自行判斷究竟是詩還是靜思語？

翰林版六下第一課墾丁風情。第一節貝殼砂，主旨應是貝殼砂，詩人要給讀者的意象，是貝殼外表人寵人愛的光澤，當然也擬人化了海神的攤位，水晶的寶盒等。詩末四句：「就這麼大方，海啊，都送給了我們／而人呢，拿什麼跟她交換?/除了一地的假期垃圾/破香菸盒子和空啤酒罐」與主旨不直接相關，跳脫了主旨要表達的貝殼砂。

第二節風剪樹，風剪樹指的是一邊長著葉子、另一邊卻相對稀疏的樹;這種現象是由於強勁的風，使得樹靠風吹來的那一邊無法生長，在臺灣通常是來自海上的風，因此在臺灣較常見的風剪樹是禿的那一邊面向大海，尤其在東北季風盛行的地方。

第一句再強悍的風季也休想拔起，「風季」應指季風，特別是墾丁強勁的海風，詩人要強調的是吹著海風的季節吧，風季應該很長，海邊的樹一整年都得面對海風的吹襲。但對孩子而言，「風季」是艱澀脫離生活現實的，也不常見的語詞。

第二、三句:「這半樹清翠的生機/永不下降的一面半旗」，如果改成散文連結的句子，便是「略喻」的寫法了。只是譬喻的寫法應以具體喻抽象，兩者之間應有外形、功能或歷史等的連結，才能讓孩子讀得懂。另外，「降半旗」其實是另一種形象，半旗的形象如果要勉強跟「半樹清翠」連結，恐怕就有點勉強了。

第四、五、六句：「一半的頑根撐在空際／另一半，更頑固的意志／緊緊踹住最後的岩石」詩人為了形容兩個「一半」的頑根，以撐在和踹住，「踹」這個腳踢的動作，不是靜止的，如果頑根可以踹住岩石，可能在頑根和岩石間有彈簧連接。那不是很奇怪嗎？

翰林版五下第一課玉山之美，如果拿掉「山風瀑布」這個景點，內容說的不只適用於玉山，更適用於全世界所有的山。第一段：「山／總比我們想像的／還要高大還要強壯／雲／總比我們想像的／還要溫柔還要輕盈」更明顯泛指全球各地的山和雲了，和玉山之美脫節。既然談的是玉山之美，應強調玉山美麗之處啊。第二段一開頭：「我們眺望高聳的峰頂」，可見詩人準備從平地開始出發了，但是接著卻說：「呼吸著沁涼的空氣」，這又和平地的空氣品質無法密切連結。看起來詩人要以空間距離來營造整首詩的結構，卻未竟其功，第三段開頭便見：「沿著鮮綠的山風瀑布」用鮮綠來形容瀑布倒是少見，詩人應該是要表達瀑布兩側的鮮綠色的樹木和草地，但孩子大概只能直接學習「鮮綠的瀑布」，除非延伸教學，不然是很難懂的。

全篇運用了許多簡單的擬人化句子，如：瀑布已經說話、山壁上的蕨草看見了、林間無數精靈的竊竊私語等。末段：「只是／只是我們的背包太小／怎麼也裝不下／整座山／和連綿不斷的回憶」更是明顯的散文斷句，當然也適用各座美麗的高山，不專屬玉山之美了。

翰林版四下第一課黑面琵鷺之歌，這首詩，因為是寫給四年級的孩子讀的，跟高年級比起來更是淺顯易懂了，詩人要以「我」第一人稱串聯全篇，確實是成功的，但若將整首詩各段分寫成一篇散文的段落，散文詩的形式更是明顯了，當然，孩子也就學習到詩的散文化，學習詩只是斷句的散文了。但對於童詩而言是否恰當？

翰林版三下第六課鹿港風光，這首詩是韻文，第一段押ㄚ韻，第二、三段押ㄥ韻，第四段押ㄠ韻。因為押韻，讀起來輕快活潑，也簡單的介紹鹿港景點和特產，詩句字數整齊劃一更顯簡單易懂。

翰林版二下第一課走進大自然，全篇試圖營造形式類疊，可惜在末段留下了敗筆。各段分別以「走在原野上」、「走在稻田裡」、「走在山林裡」、「走在小溪邊」做為開頭，雖然完全不具空間邏輯，卻也經營出童詩的形式美，末段：「我喜歡／大自然／不知道／大自然是不是／也喜歡我？」是破壞全篇形式美的一段，詩人或許想營造回味無窮的詩性，卻脫離了走進大自然的主題。

國語教科書課文裡的童詩，有多首是選自名師巨作，也許礙於名家詩作，出版社的編輯不敢請大師稍作修正，這也是名家選文難以突破的瓶頸，為了尊重原作，有時卻也忽略了孩子對童詩正確的認知。一般人總認為童詩是最容易寫作的文體，其實，如果不是因為教科書應是傳世經典，或許有人認為童詩可以不拘形式，但，總希望孩子不要認為童詩只是斷句的散文。

二〇一三年六月三十日《新北市教育季刊》第六期

國語教科書評選

依據各校通用版教科書評選評分表，通常會敘明評審方式：請將課本、習作、教師手冊與教具一併評審，以求客觀公正。每項請依（優9-10、良7-8、可5-6、差3-4、劣0-2），但在評選前，有幾個老師願意認真的讀過課本、習作及教師手冊？甚至完成各版本教科書內容比較分析表？現在，各家出版社為配合政府壓低售價，通常對提供教具數量較為保守。當然，不能以教具為唯一評選教科書的標準。

教科書評選評分表呈現的評分項目大致有以下幾點，看似抽象，但與教科書結合後會變得更具體些：

一、教學目標符合課程綱要、統整領域與教學原理。
二、教材呼應學校願景、學校本位課程。
三、教材內容生活化，以學生生活經驗為中心。
四、教材份量適中。

五、教材內容難易度適切。

六、教學設計充分呼應能力指標、教學目標。

七、教學設計之教學模式能靈活運用教學方法。

八、教學活動能激發學生主動參與，顧及個別差異。

九、教學評量方式多元化，且易於實施。

十、領域內連貫統整，領域間配合與聯繫適切。

十一、教師手冊內涵、參考資料豐富適切。

十二、提供各種教學資源、補充教材或媒體。

十三、版面設計調和美觀，圖畫活潑化、生活化。

十四、印刷品質紙張良好，裝訂的堅固與安全性。

十五、其他。

一～十五評分總計，廠商排序後，應寫出綜合意見：也就是質性的文字敘述。

教科書皆經國家教育研究院審核通過上市，大可不必擔心課綱、達成能力指標或教學原理相關問題，教師依據專業判斷：切忌先畫靶心再插箭、忽略同儕壓力、勿堅持教材使用習慣、忽略編撰委員名氣、忽略名家選文多寡、忽略出版社的行銷手法和售後服務、勿以習作好寫好改與否為標準、勿有名家的正負面刻板印象、考量教材銜接性（一個或低、中、高年段）、形成性和總結性評鑑等等專業策略，國語教科書應該具備文學與工具價值，要以學生的學習為考量原則。選、教合一是基本原則，若教科書真的無法提升學生學習興趣或成效，為了學生該換就換！

評選前，各版本教科書內容（以三上第七冊為例）比較分析表簡要項目如下……

一、比較各課文體：南一：詩兩課、劇本一課、說明文一課、記敘文夾帶便條寫作一課、記敘文九課。康軒：詩三課、劇本一課、說明文一課、記敘文夾帶故事體一課、記敘文八課。翰林：詩三課、劇本一課、說明文一課、記敘文夾帶故事體一課、記敘文七課、應用文書信寫作一課。

二、各單元主題比較：南一：有你真好、生活新鮮事、動物世界、臺灣風情畫。康軒：時間的腳步、生活的智慧、臺灣好風情、語文萬花筒。翰林：運用時間、品德故事屋、走進大自然、民俗風情。主題部分相似：南一有你真好和翰林品德故事屋，南一生活新鮮事和康軒生活的智慧，南一動物世界和翰林走進大自然，南一臺灣風情畫和康軒臺灣好風情及翰林民俗風情。康軒時間的腳步和翰林運用時間。唯有康軒語文萬花筒與其他二家出版社不同！

三、比較相似（同）主題課文：以三家出版社類似主題「南一臺灣風情畫」、「康軒臺灣好風情」、「翰林民俗風情」為例。南一第四單元臺灣風情畫課文：十一、跟神木說的悄悄話，十二、美麗的海中地標，十三、有朋自遠方來，十四、蚵田風光。康軒第三單元臺灣好風情課文：八、淡水小鎮，九、回到鹿港，十、參觀安平古堡，十一、聽神木說話。翰林第四單元民俗風情課文：十二、客家擂茶，十三、秋千上的婚禮，十四、小鎮風情。

四、相似（同）主題課文單課分析：以修辭、句型、布局、結構、主旨、啟示等為分析項目。（一）南一第四單元臺灣風情畫第十四課蚵田風光：修辭、句型：吃蚵仔煎，想起外公家的蚵田風光。蚵架上那一串串的蚵仔殼，就像一朵朵盛開的蚵仔花。一排排蚵架、一天天長大。天黑天亮、天冷天熱。看著一望無際的蚵田，看著蚵田裡彎著腰忙著工作的人，看著遠處的風車轉哪轉，（疊敘）我彷彿置身在一幅美麗的圖畫中。一串串的蚵仔殼掛在蚵架上，外公的心也掛在海面上。

康軒、翰林修辭、句型，就依南一模式分析……

（二）康軒第三單元臺灣好風情第十課參觀安平古堡：布局、結構：今天是校外教學的日子……就來到了目的地。我們先參觀陳列館……陳列館外有一排古砲……附近還有一座瞭望臺……接近中午的時候，我們來到旁邊的公園……我特地買了一張安平古堡的明信片，蓋上紀念章，寄給住在臺北的堂弟……

校外教學地點是安平古堡。參觀陳列館文物和史料。陳列館外的景色。旁邊公園老城牆的風貌。購買並寄出明信片給堂弟。參觀的心得。

南一、翰林布局、結構，就依康軒模式分析……

（三）翰林第四單元民俗風情第十二課客家擂茶：主旨、啟示：主旨：客家擂茶的味道，可依情境變化，古今用途也不同。啟示：品嚐不同口味的擂茶，緬懷客家人祖先的節儉和智慧。

南一、康軒主旨、啟示，就依翰林模式分析……

五、比較相似（同）主題各課習作題型：以三家出版社類似主題「南一臺灣風情畫」、「康軒臺灣好風情」、「翰林民俗風情」為例。（一）南一第四單元臺灣風情畫第十四課蚵田風光：寫國字或注音。加一加：想一想「可」加上不同的部件後，變成了什麼字？寫在（）中，並加上注音和造詞。選詞填寫：將適當的語詞填入（）中。我會照樣寫。閱讀並回答問題（奶奶的肉粽）。（二）康軒第三單元臺灣好風情第十課參觀安平古堡：寫國字或注音。填入語詞，完成短文。組合成一個通順的句子，並加上標點符號。聆聽教學光碟中的內容，再回答問題。我會寫明信片。（三）翰林第四單元民俗風情第十二課客家擂茶：寫出國字或注音。分辨詞義：運用工具找出•中字詞的意思。句型練習。填寫課文內容，並勾選段落重點。古今大不同。作文練習。

透過一單元主題中的一課課文，一單元主題四課課文，四單元主題十四課文，分工進行簡要分析。在各單元主題中統整活動文本內容，應歸納本單元課文有關聽說讀寫作的工具價值。

六、比較教師手冊內容：康軒：教學地圖：教學目標、分段能力指標、教學時間、議題。本課綱要：注音、聽說讀寫作。教學領航：課文導讀、語文焦點、教材分析。語文學堂：教學重點、課後複習。

南一、翰林版教師手冊，就依康軒模式分析……

國語教科書評選需就課本、習作、教師手冊一併評審，依拙文評選建議方式，希望讓老師在評選教科書時，有遵循的依據。不僅國語教科書評選，其他領域教科書評選，也可依此操作。

標點符號大補帖

語言和文字是人類情感溝通的工具。一篇完整的文章中，除了文字可以充分表達文章的主旨外，適當使用標點符號更可以使語意、文意表達得更加明確，也助長文辭的氣勢或神態。

寫文章假使都不加標點符號，可能會被誤讀、誤解，甚至鬧笑話。例如：有一個小朋友帶了大飯盒。他說：「我今天帶了一個大便當，做午飯吃。」假如他沒有正確使用標點符號，便可能被誤解為「我今天帶了一個大便，當做午飯吃。」又如老師問：「誰要這張發票？」有個小朋友回答：「不要，給別人。」如果不正確使用標點符號，可能會被誤解為「不要給別人。」由此可見標點符號正確的應用在文句中，是相當重要的。

常用的標點符號有十四種，現在分別將標點符號的名稱和用法介紹給小朋友，並舉以前國立編譯館國語教科書的課文為實例。

一、句號（。）

文句已經完整的表達，而且語氣已經完足的句子，句末可以加句號。例如三上國語第五冊第一課〈我的家在鄉下〉：「我的家在鄉下。」「家的房子就在小河邊。」

二、逗號（，）

在較長或較複雜的文句中，因為語氣的關係，必須要停頓、分開、重讀的地方，都可以用逗號將文句分開。例如五下國語第九冊第六課〈月蝕之夜〉：「這時候，晚風徐徐，一輪明月，正高掛天空。」

三、頓號（、）

凡是接連使用而並列的同類詞或短語，表示文句語氣短暫的停頓，必須用頓號分開。例如六上國語第十一冊第五課〈模仿貓〉：「他做不成大公雞、綿羊，也做不成大白鵝、小鳥兒，只好躲起來。」

四、冒號（：）

凡是在總起下文或總結上文，或提出引語的地方，可以加冒號。例如四下國語第八冊第十八課〈中正紀念堂〉：「進了拱門，就看見左右兩側各有一座朱紅色的巨大建築：一座是國家音樂廳，一座是國家戲劇院。」

五、問號（？）

凡是在表示疑惑、發問、反諷或驚訝的地方，都可以使用問號。例如四下國語第八冊第十四課〈夜來風雨聲〉：我輕輕的說：「爸爸，您看什麼書啊？」

六、分號（；）

用在兩個獨立句子的中間，使上下兩個關係非常密切的句子聯貫起來。或者是一句中並列的短句，或文句成對比的複句。如果只是用逗號或頓號，還無法把文句的意思完全表達清楚，必須用分號將句子分開，才能夠使文意表達更清晰。例如五上國語第九冊第二十一課〈快樂過新年〉：「祖先堂前，點上紅色的蠟燭，燃起濃郁的香煙；案上陳列著鮮花鮮果，還掛著紅色的帷幔。」例如四下國語第八冊第十七課〈勤勞和懶惰〉：「勤勞能幫助農人，使他收穫豐富；幫助工人，使他產品精美；幫助商人，使他貨物暢銷；

幫助學生，使他成績優良。」

七、驚嘆號（！）

凡是在帶有喜、怒、哀、樂等情感，或是表示願望、讚美、感嘆、命令、稱呼等語氣的詞句末尾，都用驚嘆號。例如五上國語第九冊第五課〈少年頌〉：「我們知道:要怎麼收穫，就要怎麼栽！」，這句話表示感嘆的語句。

八、夾注號（）

用在夾注文字的前後，表示說明或解釋文句的意思。例如六上國語第十一冊第二十課〈容閎〉：「咸豐四年（西元一八五四年）畢業的前夕。」

九、引號（「」或『』）

「」是單引號，『』是雙引號。凡是在引用別人的文句或敘述對話的辭句、特別的提示語，性質或特別著重用的語句，在起始和末尾或前後，都要用引號。例如三上國語第五冊第十一課〈合作的重要〉：大家在一起為了同一目標，同心協力做事，這叫做「合作」。這句是特別著重用的詞句。例如四下國語第八冊第七課〈猜謎語〉：爸爸回答說：「一點，一橫，一撇，就成了一個广字。」

十、破折號（—）

用在語意突然轉折或語氣忽然轉變的地方，或者語句前後意思不相銜接的時候。例如五下國語第十冊第九課〈革命新娘〉：她在革命中做了假新娘，後來嫁給了劉梅卿，又成了真新娘—真正的「革命新娘」。

十一、刪節號（……）

凡在文辭有省略的地方，表示刪去詞句，或語氣沒有完結的地方，都用刪節號。例如：「你吃的食物，穿的衣服，睡的床鋪，搭的車子，坐的桌椅，用的紙筆⋯。」

十二、私名號（——）

標注在專有名詞的旁邊，直寫時加在左邊，橫寫時加在下邊，表示這是人名、地名、國名、朝代名、種族名、機關名等專有名詞。例如五下國語第十冊第十二課〈孔子談孝〉：「孔子是春秋時代的魯國人。」

十三、書名號（　）

凡在書名、篇名和報章、雜誌等名稱的地方，都可以加書名號，直寫時加在左邊，橫寫時加在下面。例如五下國語第十冊第十四課〈媽媽哭了〉：「這篇文章題目叫舐犢情深，作者是林良先生。」，註：書名號現已改用《》。

十四、音界號（·）

外國人的姓名取其音翻譯成中文，就用音界號。例如：「麥可·傑克森」、「惠尼·休斯頓」。

小朋友寫文章時，一定要了解如何正確的使用標點符號。這樣你的文句才能表達得更清晰、更有感情。

一九九七年四月二十三日《兒童日報》

淺析二〇一七國中會考作文

作文題目：「在這樣的傳統習俗裡，我看見……」，閱讀以下圖表及文字，按題意要求完成一篇作文。在結構表裡，傳統習俗下分：歲時、祭祀、生育婚喪、其他等四例。歲時：端午節配戴香包、中秋節吃月餅、春節不能掃地倒垃圾……祭祀：求平安符、焚香燒金紙、西拉雅族祀壺……生育婚喪：父母分贈新生兒彌月油飯、女兒出嫁離家前要潑水、以毛巾致贈參加喪禮的親友……其他：搬家要挑吉日、禮物不能送「鐘」、紅包金額要湊雙數……

從小到大，許多傳統習俗伴隨我們成長。在這些傳統習俗裡，你也許感受到它所傳遞的情感，也許發現它值得保存的內涵，也許察覺到它不合時宜的地方。請就個人生活見聞，以「在這樣的傳統習俗裡，我看見……」為題，寫下你的經驗、感受或想法。

我試著就以下幾個層面來分析：

一、題目說明：命題者希望考生可以讀懂結構表的內容，像這樣的結構表，考生並不陌生，從國小三年級就已經運用結構表來分析國語課文結構。另外，如上文二段，我依題目說明所撰擬的文稿，結構表的內容可以轉化成敘述性的文字，我相信考生應該也可以輕易讀懂結構表的文字。以我年近半百的生活經驗，結構表中的傳統習俗示例，其實相當生活化，只有「西拉雅族祀壺」，我從沒聽過，相信大部分的考生跟我一樣。這些傳統習俗，若問我與考生相當年紀的兒子，除「西拉雅族祀壺」外，都曾經親自參與或看過或聽過。命題委員的年紀若與我相仿，應該也跟我的生活經驗差不多。只是為了凸顯特殊的傳統習俗，特別列出「西拉雅族祀壺」，藉以引導考生可以就自己特殊的生活經驗來寫作，例如：客家人掃墓時間訂在農曆正月十六日，類似這樣與結構表列舉的特殊傳統習俗，如果考生勇敢的寫出自己的生活經驗，相信會吸引評審的注意。只是，這年代的孩子，有多少人願意深入了解傳統習俗的意涵，可能有看過有聽過，就是對傳統習俗的意涵不甚了解。

二、選擇寫作主題：當考生普遍缺乏對傳統習俗的深入認知，可能很難真正的感受到它所傳遞的情感，發現它值得保存的內涵，察覺到它不合時宜的地方。在有限的寫作時間裡，考生在選擇寫作主題時，首先會選擇曾經的生活經驗，若要擇定單一主題，我猜以下幾個主題可能是考生較熟悉的：歲時：端午節配戴香包、中秋節吃月餅，祭祀：求平安符、焚香燒金紙，生育婚喪：父母分贈新生兒彌月油飯，其他：搬家要挑吉日、紅包金額要湊雙數。擇訂一個主題，鉅細靡遺的寫出經驗、感受或想法。當然，也會有考生採用「分說」的概念，分別寫出三至四個主題，分別寫出經驗、感受或想法，但恐只能簡單的敘述而已，但篇幅結構看起來完整有序。

三、布局結構：題目說明，要考生寫出「我」的經驗、感受或想法。單一主題類型：三大意義段，先寫出經驗，再從經驗中寫出感受，最後，藉由感受寫出想法。考生可依寫作內容再將意義段細分成自然段。經驗要寫的是親身體驗或所見所聞，感受要寫的是傳遞的情感，想法要寫的是值得保存的內涵和不合時宜的地方。多元主題類型：三大意義段，一是總說類型，二是分說各類型的經驗、感受和想法，三是總結價值評論。經驗要寫的是親身體驗或所見所聞，感受要寫的是傳遞的情感，想法要寫的是值得保存的內涵和不合時宜的地方，總結要寫的是傳承與創新或與時俱進的作法。但在分說時要同時寫出經驗、感受和想法，因此無法像單一主題般可以刻畫得更深入。

四、表述方式：會考的限制型作文題型，較難以單一文體呈現，因此必須靈活運用各種表述方式。寫經驗時可能要運用敘述、描寫、說明等表述方式，寫感受時可能要運用抒情的表述方式，寫想法時可能要運用議論的表述方式。

直接或間接的生活經驗，敏銳的觀察和豐富的想像等，都是作文的基石。作文分數會決定高中志願序，因此，考生通常猜想評審要的是什麼樣風格的文章？忽略寫出屬於自己的血肉，過分拘泥、琢磨修辭與句型，這樣會成為矯揉造作的文字堆疊。

現代詩〈在天晴了的時候〉教學重點

〈在天晴了的時候〉這首詩的作者是戴望舒，收錄在南一書局版國語課本第十一冊第一課。全詩如下：

在天晴了的時候，
該到小徑中去走走：
給雨潤過的泥路，
一定是涼爽又溫柔；
炫耀著新綠的小草，
已一下子洗淨了塵垢；

不再膽怯的小白菊，
慢慢的抬起它們的頭，
試試寒，試試暖，

然後一瓣瓣的綻透；
抖去水珠的鳳蝶兒
在木葉間自在閒遊，
把牠的飾彩的智慧書頁
曝著陽光一開一收。

到小徑中去走走吧，
在天晴了的時候：
赤著腳，攜著手，
踏著新泥，涉過溪流。

新陽推開了陰霾了，
溪水在溫風中暈皺，
看山間移動的暗綠——
雲的腳跡——它也在閒遊。

詩歌體裁的課文，字數比起散文少了許多。詩歌教學重點在意境的傳達，詩人藉客觀的「境」，表達主觀的「意」。詩是精煉的語言和文字，以含蓄的文意，串聯無限的想像。古詩可以透過語譯，清楚的傳達意境，現代詩的文字看似簡單的白話文，卻得細讀文字加以想像，才能揣摩詩人的「意」。以下針對本文的教學重點，分段敘述：

字詞義：新綠、塵垢、綻透、木葉、智慧書頁、曝、攜、涉過、陰霾、暈皺、暗綠、腳跡。

背景：雨後天晴，詩人到山間的小徑散步，所看到的景象。

內容「是什麼」：第一段：雨後天晴，詩人走在泥路小徑上，看到新綠的小草洗淨了塵垢，第二段：詩人看到小白菊依序綻放每一個花瓣，看到鳳蝶在木葉間自在閒遊，翅膀一開一收，加速讓陽光曬乾。第三段：詩人和同伴赤腳攜手，踏著新泥，涉過溪流。第四段：詩人看到雨後的陽光露臉，看到溪水暈皺的景象，隨著山嵐飄散，昏暗的光線下，看到樹林模糊的綠意，天空中的雲也隨風吹而緩緩飄移。

內容「為什麼」：第一段和第二段，推測詩人應是獨自到小徑中走走，但轉到第三段「攜著手」，好像詩人是攜伴同行，或者是走到小徑的盡頭巧遇同樣到小徑走走的友伴。獨自或攜伴或巧遇友伴的推測都合理。第一段「給雨潤過的泥路，一定涼爽又溫柔；」，涼爽是因為剛下過雨的體感溫度，溫柔是因為腳踩在柔軟的泥路上。「炫耀著新綠的小草」小草長出新葉，表示成長，所以炫耀。第二段「試試寒，試試暖，」就是適應雨後天晴氣溫變化，等氣溫暖些，慢慢綻放每一朵花瓣。「智慧書頁」，就是把翅膀比喻成書本的扉頁，也稱作蝴蝶頁。第四段「溪水在溫風中暈皺」，風把溪水吹成皺摺狀，風向也許不同，分別吹著順流或逆流的溪水。「看山間移動的暗綠」是陽光讓山嵐慢慢蒸發，樹木的綠顯得暗了些。「雲的腳跡—它也在閒遊」是陽光出現，雲隨風吹而緩慢移動。

布局：本詩計分四段，第一段和第二段敘寫詩人沿著小徑走，看到小徑兩旁的景象，第三段和第四段敘寫詩人赤腳涉溪後，看到新陽、暗綠和雲。空間安排上：從第一段到第四段，從小徑的空間鋪排，向盡頭走去，看到遠方的溪水、新陽、暗綠和雲，空間轉換由近而遠。

取材：雨後天晴，詩人走在泥路小徑上，看到小草、小白菊、鳳蝶。接著，和同伴攜手赤腳，踏著新泥，涉過溪流。看到新陽、溪水、暗綠和雲。

客觀的境：雨後天晴、山間小徑、泥路、小草、塵垢、小白菊抬起頭、綻透花瓣、鳳蝶兒在木葉間自在閒遊，翅膀一開一收，赤腳攜手，踏著新泥，涉過溪流，溪水、溫風、暗綠、雲在閒遊。

主觀的意：第一段雨後天晴，走在泥路上涼爽又溫柔。第二段詩人希望像小白菊不再膽怯，像鳳蝶自在閒遊。第三段赤腳攜手表達內心不願受拘束，並且與大地合一。第四段新陽推開詩人內心的陰霾，期盼和雲一樣閒遊。

標點符號：第一段第二行「該到小徑去走走：」還有第三段第二行「在天晴了的時候：」這兩個「：」都是在說明上文。第一段第四行末和第六行末及第二段第四行末的「；」都是複句中的下一句有轉折的意思。第四段第三行「暗綠──」第四行「雲的腳跡──」的「──」是用於語意的轉變的破折號。

修辭：擬人：第一段「一定是涼爽又溫柔」、「炫耀著新綠的小草，已一下子洗淨了塵垢；」，第二段「不再膽怯的小白菊……在木葉間自在閒遊」，第四段「新陽推開了陰霾了」、「看山間移動的暗綠—雲的腳跡—它也在閒遊」。擬物：第二段「把牠的飾彩的智慧書頁，曝著陽光一開一收。」，「溪水在溫風中暈皺」。疊字：第一段和第三段「走走」，第二段「慢慢的」、「試試寒，試試暖」、「一瓣瓣」。類字：第二段「一開一收」。類句：第一段「在天晴了的時候，該到小徑中去走走；」，第三段「到小徑中去走走吧，在天晴了的時候：」。移覺：第四段「溪水在溫風中暈皺」，觸覺結合視覺。排比：第三段「赤著腳，攜著手，踏著新泥，涉過溪流。」

國家圖書館出版品預行編目資料

國語教學觀 / 何元亨著. -- 初版. -- 臺北市 : 少年兒童出版 : 博客思發行, 2019.05
面； 公分
ISBN 978-986-97136-1-0(平裝)
1.國語 2.教材教學 3.初等教育
523.311 108004364

教育叢書1

國語教學觀

作　　者：何元亨
編　　輯：陳勁宏
美　　編：陳勁宏
封面設計：蔡秀佳、陳勁宏
出 版 者：少年兒童出版社
發　　行：博客思出版事業網
地　　址：台北市中正區重慶南路1段121號8樓之14
電　　話：(02)2331-1675或(02)2331-1691
傳　　真：(02)2382-6225
E—MAIL：books5w@gmail.com或books5w@yahoo.com.tw
網路書店：http://bookstv.com.tw/
https://www.pcstore.com.tw/yesbooks/
博客來網路書店、博客思網路書店
三民書局、金石堂書店
總 經 銷：聯合發行股份有限公司
電　　話：(02) 2917-8022　傳 真：(02) 2915-7212
劃撥戶名：蘭臺出版社　帳號：18995335
香港代理：香港聯合零售有限公司
地　　址：香港新界大蒲汀麗路36號中華商務印刷大樓
C&C Building, 36,Ting, Lai, Road, Tai,Po, New,Territories
電　　話：(852)2150-2100　傳真：(852)2356-0735
經　　銷：廈門外圖集團有限公司
地　　址：廈門市湖里區悅華路8號4樓
電　　話：86-592-2230177　傳 真：86-592-5365089
出版日期：2019年5月 初版
定　　價：新臺幣320元整（平裝）
ISBN：978-986-97136-1-0

版權所有・翻印必究